자본주의란 무엇인가?

자본주의란 무엇인가?

피에르 잘레 지음 • 배규식 옮김

책갈피

자본주의란 무엇인가

지은이 • 피에르 잘레
옮긴이 • 배규식
펴낸곳 • 도서출판 책갈피
주　소 • 서울특별시 성동구 무학봉15길 12, 2층
전　화 • (02) 2265-6354
팩　스 • (02) 2265-6395
등　록 • 1992년 2월 14일(제18-29호)

첫 번째 찍은 날 2006년 8월 21일
다섯 번째 찍은 날 2022년 10월 17일

값 9,000원

ISBN 89-7966-046-4 03320
잘못된 책은 바꿔 드립니다.

자본주의란 무엇인가 • 차례

일러두기

1. 인명 등의 외래어는 최대한 외래어 표기법에 맞춰 표기했다.
2. 원서에서 이탤릭체로 표시된 부분은 고딕체로 표시했다.
3. 본문에서 [ ]는 옮긴이가 우리말로 옮기는 과정에서 독자들의 이해를 돕고 문맥을 매끄럽게 하기 위해 덧붙인 것이다.
4. 책은 ≪ ≫로 표시했고, 신문은 〈 〉로 표시했다.

저자의 말

요사이 몇 년 동안 나는 이런 질문을 자주 받았다. "자본주의 경제와 사회 체제를 단순 명쾌하게 분석한 책이나 소책자를 소개해 주시지 않겠습니까? 자본주의 체제의 작동 원리를 한눈에 알 수 있고 간결하면서도 포괄적인 관점을 제시하고 있는 책은 없나요?" 강의와 토론, 세미나와 사적인 대화를 가리지 않고 이런 질문이 나왔다. 학생이든 노동자든 지식인이든 활동가든 가리지 않고 이런 질문을 자주 했다. 이런 질문을 하는 사람들은 비록 초보적이고 한계가 있을지언정 이미 자본주의 체제에 대해 비판적인 관점을 갖고 있었다. 그들은 배움의 즐거움을 위해서만 아니라 정치 활동이나 우리가 몸담고 실천하고 있는 이 세계를 잘 이해하기 위해서도 쉽게 이해할 수 있지만 과학적인 지식이 필요하다고 느끼고 있었다.

그들은 때로는 모호하기도 했지만 분명히 흡족할 만한 대중적 마르크스주의 저작이 있는지를 물어본 것이었다. 요사이 많은 사람들이 유물론 철학에 본능적 의구심을 갖고 있다가도 자본주의를 경제·사회·정치적으로 비판하기 위해 유물론 철학으로 돌아서고 있다는 것은 익히 알고 있는 사실이다. 나는 그런 책이나 소책자를 전혀 알지 못한다. 내가 보기에 그나마 얼마 안 되는 책들은 불완전하고 교조적이며, 내게 질문한 사람들을 만족시키기에는 너무나 추상적이고 학술적이다. 내가 그런 일을 하기에 딱 맞는 사람인지는 모르겠으나, 결국 내 스스로 책을 쓰게 된 것은 그 때문이다.

이처럼 이 분야에 예비 지식이 전혀 없는 사람이라도 읽을 수 있게 하자는 것이 이 책의 목적이다. 그렇다 해도 내 커다란 욕심은, 필요한 내용은 하나도 빠뜨리지 않으면서도 근본적 구조와 작동 원리에 국한해 자본주의 사회를 일관성 있게 보는 관점을 제시하는 데 있다. 나는 마르크스주의 분석을 저버리지 않으면서 요약하려고 애썼고, 입문서를 쓴다는 구실로 부정직한 단순화에 빠지는 일은 피하려고 애썼다. 확실히 이런 고려 사항을 완벽하게 조화시키기란 불가능하다. 처음부터 나는 잘해야 부분적인 성공만을 거두리라는 점을 알고 있었다. 그럼에도 독자들이, 이제 사회 변혁에 필요한 지식을 더 잘 갖추게 됐다고 느끼면서 책장을 덮게 된다면 기쁘겠다. 그것이 내가 이 책을 쓴 유일한 목적이었다.

1장
생산 : 무엇을 가지고 어떻게 만드는가

어떤 공장, 예를 들어 제철 공장에서 일하는 노동자들을 생각해 보자. 그들은 철광석과 코크스를 높은 온도에서 혼합해 여러 종류의 철강을 만들어 낸다. 이처럼 노동자들은 일정액의 임금을 받기 위해 공장에 나간다. 여기에서 갖가지 의문이 생긴다. 이 임금은 무엇을 뜻할까? 보통, 임금은 노동자의 노동에 상당하는 것이라고 믿고 있지만, 그게 그렇게 간단한 얘기가 아님을 알게 될 것이다. 누가 임금을 주는가? 기업주다. 그는 자본을 가지고 있기 때문에 자본가다. 여기에서 우리의 의문은 더 커진다. 자본이란 무엇인가? 노동이란 무엇인가? 왜 어떤 사람은 엄청난 자본을 모을 수 있고, 어떤 사람은 자본을 하나도 갖지 못한 채 오직 임금을 받기 위해 일해야 하는가? 자본가들은 공장을 가지고 있고, 그 공장의 기계, 설비, 원자재, 동력 등도 가지고 있다. 그러나 그렇다고 해서 그 공장에서 일하는 몇천 명의 노동자들이 만들어 낸 철강이 과연 자본가들만의 것인가? 의문점은 수없이 불어나지 않을 수 없다. 이제 하나씩 하나씩 풀어 나가 보자.

먼저, 노동자들은 자신이 일하고 있는 공장과 어떤 공통점을 가지고 있을까? 공장은 철강을 생산하는 데 필요한 모든 것을 갖추고 있다 — 알맞은 건물, 적당한 기계·설비, 적당히 보유한 에너지, 비축 원자재, 그리고 보조 자재들까지. 이런 것들이 다 필요한 것이기는 하지만 충분한 것은 아니다. 만약 노동자들이 한꺼번에 모두 휴가를 가 버린다면 그 공장은 멎어 버리고 만다. 노동자(노동력)만이 공장을 가동할 수 있다. 그렇지만, 공장이나 설비가 없으면 노동자들이 1킬로그램의 철강도 만들어 낼 수 없다는 것 또한 분명하다. 이처럼 한편으로는 노동자들이, 다른 한편으로는 공장·기계·원자재가 모두 생산이라는 목적을 위해서 없어서는 안 되는 꼭 필요한 것들이다. 이런 이유에서 그것들을 **생산력**이라 부르는 것이다. 생산력은 인간이 필요를 충족시키기 위해 자연을 지배하고 물질적 재화를 만들어 내는 데 사용할 수 있는 모든 수단을 포함한다고 할 수 있다.

생산력은 세 가지 요소로 이뤄진다.

1. **생산수단** : 이것은 보통 다음의 두 가지로 이뤄진다. 한편으로는, 천연 자원에서 얻는 유용한 물질들, 예를 들어 광물, 석탄, 석유, 나무, 물 등. 또 다른 한편으로는, 생산하는 데 쓰는 도구들,

예컨대 연장과 기계류, 그리고 유용한 천연 자원을 추출하거나 거둬들이고 운반하며 가공하는 데 쓰는 점점 발달하는 설비. 앞에서 든 예로 본다면, 제철 공장 자체와 거기에 딸린 모든 기계, 설비, 에너지, 여러 가지 원자재와 보조 자재, 생산 라인 등이 이러한 생산수단에 해당한다.

2. 인간의 **노동력** : 이것이 없이는 땅 밑에서든, 땅 위에서든 천연 자원을 획득할 수도 없고, 사용할 장소로 옮길 수도 없으며, 공장의 기계나 설비가 있더라도 천연 자원을 인간에게 유용한 물건으로 변형할 수가 없다.

3. 마지막으로, 생산력에는 또한 '간접 노동', 달리 말해 **일반적 노동**이라는 것도 포함된다. 일반적 노동은 노동자들이 몇 세대에 걸쳐 습득한 기능과 경험, 축적된 과학적 기여와 기술 혁신, 근대적 노동 조직 등을 뜻한다. 이 일반적 노동은 한편으로는 기계와 설비를, 다른 한편으로는 노동자들의 노동을 결합함으로써 효율을 증대시킨다. 과학과 기술의 진보는 과거에는 비교적 완만했지만 지금은 훨씬 급속해져 생산 기술의 대변혁이 일어나고 있다.

생산력에 대한 이상의 요약적 정의를 토대로 우리는 노동자 — 자신의 노동력밖엔 가진 게 없다 — 와 자본가 — 기계와 설비를 갖춘 공장을 소유하고 있고, 원자재를 사들이고 임금을 지급할 수 있는 유동 자본까지 가지고 있다 — 사이의 관계를 살펴봐야 한다. 물질적 재화를 생산할 목적으로 생산력과 맺는 이 서로 다른 관계를 **생산관계**라고 한다.

그런데 일단 여기에서, 한편으로는 생산력이 그리고 다른 한편으로는 생산관계가 함께 **생산양식**을 결정한다는 사실을 지적해 둘 필요가 있다. 흔히들 말하는 **자본주의 체제**라는 용어는 다소 막연하고 일반적으로나마 '자본주의 생산양식'이 뜻하는 바를 설명하는 데 쓰인다. 하나의 생산양식은 그 생산력이 도달해 있는 수준과 작용하고 있는 생산관계의 전형에 의해 정의된다. 또, **생산력**과 **생산관계**는 서로 직접적인 관계에 있다. 예를 들어, 중세에는 생산력, 특히 생산수단이 아직 충분히 발달하지 않아서 고작 개별적인 농민 또는 장인 생산에 머물렀다. 그런 상황에서는 생산관계가 주로 영주와 농노, 직인과 장인 간의 개인 관계에 불과할 수밖에 없었다. 이러한 생산력과 생산관계가 함께 '봉건제' 생산양식을 결정했다.

자본주의 생산양식은 처음으로 자본을 모은 사람들이 가내 작업장을 만들고, 거기에 노동자들이 모여 임금을 받으려고 고용주를 위해 일하기 시작했을 때 비로소 나타나기 시작했다. 이 노동자들은 전에는 자신의 노동으로 만든 생산물을 통제하는 독립적 장인이었다. 생산 도구나 생산 방법이 아직 변하지는 않았지만, 이런 형태의 노동 조직은 오늘날 우리가 알고 있는 것과 같은 자본주의 생산양식의 싹을 내포하고 있었다. 과학과 기술의 발달에 따른 기계화로 인해 가내 작업장이 공장으로 바뀌고 대규모 공업이 일어

남으로써 비로소 그것이 자본주의 생산양식으로 '도약'한 것이다.

자본주의 생산양식의 두 가지 특징은 생산력이 고도로 발달했다는 것과 극소수 자본가들이 생산수단을 지배한다는 것이다. 그와 동시에, 이러한 생산수단을 가동할 수 있는 생산적 노동이 전례없이 거대한 기업으로 집중돼 수백만 명의 노동자가 모이게 된다. 이렇게 해서 노동력 외엔 아무것도 가진 게 없는 노동자들이 생계를 유지하기 위해서 노동력을 생산수단의 지배자인 자본가에게 팔지 않을 수 없게 되는 생산관계가 발생한다. (나중에 다시 이야기할 것이다.) 여기에서 우리는 객관적으로 상반하는 이해관계를 가진 두 개의 **사회계급**이 존재함을 알 수 있다. 한편에는 거의 모든 생산수단을 지배하는 소수의 계급이 있고, 다른 한편에는 자본가 계급이 지배하는 생산수단을 가동할 능력을 가진 유일한 계급이 있다. 이들은 수적으로 거대하다. 한편으로, 노동자 계급 — 이들이 없이는 생산이 불가능하다 — 은 자기 노동의 생산물 가운데 최대한의 몫을 얻어 내기 위해 싸운다. 또 다른 한편으로, 자본가 계급 — 이들은 생산수단을 지배하고 있는데, 이 생산수단이 없으면 아무것도 생산할 수 없다 — 도 역시 자기 재산에서 발생하는 이윤의 극대화를 요구한다. 생산관계는 더는 개인들의 관계가 아니라, 극복할 수 없는 모순으로 서로 연계돼 있는 두 계급 간의 사회적 관계다. 오늘날 자본주의 사회에서 생산은 점점 집단적 또는 '사회적' 생산이 되고 있다. 여기에는 두 가지 이유가 있다. 첫째로, 이 체제는 점점 더 많은 노동자가 필요한데, 그들은 그저 개별적인 노동자가 아니라 노동의 분할과 조직을 통해 진짜 '집단적' 노동자가 됐다. 둘째로, 생산된 물건들은 사회 전체를 상대로 만들어진다. 역설은, 이처럼 전형적으로 사회적인 생산을 통제하고 지도하고 계획하는 것이 생산자나 전체 사회가 아니라, 생산수단을 지배하는 극소수 사람들 — 이들은 이윤도 차지한다 — 이라는 것이다. 생산이 사회적으로 이뤄지므로, 생산의 계획과 통제는 소수 자본가들에 의해 그들의 배타적인 이익을 위해서 이뤄지는 것이 아니라 사회의 이익을 위해 집단으로 이뤄지는 것이 정당하고 분별 있는 일일 것이다.

생산수단의 사적 소유와 생산의 사회적 성격 사이의 모순은 **자본주의 체제의 근본 모순**이다. 이 모순은 자본주의 체제 자체가 낳은 것이므로, 자본주의가 발달한다고 해서 감소한다든가 약해지는 것이 아니다. 오히려 더욱 날카로워지고 깊어진다. 좀 더 유력한 자본가들이 경제 체제와 국가를 독차지하게 된다. 더구나 그들의 숫자는 끊임없이 감소하고 있다. (뒤에서 설명하겠다.) 동시에, 생산자의 수는 계속 늘어 가며, 또한 그 이해관계와 희망이 생산적 노동자들과 점점 더 같아지고 있는 비생산적 노동자 집단도 계속 커진다. 자본주의 생산양식이라는 틀 안에서는 이 모순의 해결이 불가능하다. 이 모순이 바로 자본주의의 본질이기 때문이다. 그래서 한편에는 노동자와 그 동맹자들, 다른 한편에는 자본가와 그 지지자들이 있다. 이 둘 사이의 **계급투쟁**은 보수주의자들이 주장하는 바와 같은 정치적 선택의 문제가 아니라 자본주의 자체의 본질에서 비롯하는 객관적이고 불가피한 필연이다.

생산력은 특정 생산양식을 결정하는 데 한몫 하면서 끊임없이 변하고 진보하고 있다. 인류 역사가 시작된 이래로 사람들은 발명과 발견을 계속해 왔다(쟁기, 수차, 우마차, 도르래, 그리고 더 근래에는 증기기관, 전기, 핵에너지 등). 이러한 발명과 발견은 새로운 생산 도구를 만들어 낸다. 또, 그것은 인간의 기능과 지식을 개발함으로써 새롭고 더 진보한 발명과 발견을 가능케 한다. 이와 같은 상향 추세는 무한히 계속된다.

반면에, 생산관계는 법률과 제도에 의해 뒷받침되기 때문에 오랜 기간 고정된다. 기존 생산관계에서 이익을 얻고 있는 경제 · 정치 권력자들은 법률의 힘으로 기존 생산관계를 안정시키려 한다(예컨대 법률이나 헌법으로 사유재산을 보장). 따라서 생산관계는 격렬한 수단을 통해서만, 즉 '기존 질서'의 종식을 목표로 하는 근본적 사회 변혁을 통해서만 변할 수 있다.

생산력은 끊임없이 진보하는 반면에 생산관계는 정지된 채로 남는다. 그러다가 마치 어린이가 자라나면서 옷이 점차 작아져 여기저기가 뜯어져 나가는 것처럼, 이 생산관계가 팽창하는 생산력 수준에 더는 부합하지 못하게 되는 시기가 온다. 현재의 생산력 수준으로도 많은 물질적 · 문화적 · 개인적 · 사회적 · 명시적 · 잠재적 필요들을 충족시킬 수 있다. 그러나 자본주의 생산관계는 오직 자본가 계급의 이윤 창출만을 위해 작용하고 있기 때문에, 이러한 필요들은 대부분 무시될 수밖에 없다. 역사상, 특권을 가진 소수파 계급이 인류의 진보를 위해 자신을 희생한 예는 한 번도 없었다. 그 때문에 인간에게 생산력 발전과 생산관계 사이의 객관적인 충돌은 계급 간의 충돌로 나타난다. 즉, 자기들의 계급 이익에 이바지하는 구래의 생산관계에 필사적으로 매달리는 지배계급(기본적으로 보수 반동적인 입장)과 사회 전체의 이익을 위해 생산관계의 변혁을 강요하는 피억압 · 피착취 계급들(기본적으로 진보적이거나 혁명적인 입장) 간의 충돌이 나타난다.

2장
생계에서 상품으로 : 가치란 무엇인가

인간에게 유용한 여러 재화 중에서 하나를 예로 들어 — 여기에서는 빵 한 조각을 예로 들어 — 얘기해 보자. 옛날에는 농부가 직접 밀을 수확했고, 수확한 밀로 빵을 만들어 그의 온 가족을 먹였다. 오늘날 우리가 먹는 빵은 판매를 위해 제과점이나 빵 공장에서 만들어진다. 둘 중 어느 경우든 빵은 소위 **사용가치**를 가지고 있다. 사용가치는 인간의 필요를 충족시킬 수 있는 특질을 가진 물질적 대상이다. 일반으로 말해, 사람들이 만들어 내는 것은 모두 육체적 필요(빵, 의복)나 문화적 필요(책, 그림) 또는 여가와 오락을 위한 필요(게임, 공원)를 충족시킬 수 있는 물질적 대상들이다.

우리가 예로 든 농부의 빵에서, 생산한 대상들의 사용가치는 오직 생산자 자신을 위한 것이었다. 그렇지만 오늘날 만드는 빵은 생산자 자신이 사용하기 위한 것이 **아니다**. 그 사용가치는 화폐를 매개로 한 교환을 통해 다른 사람들에게 돌아간다. 이처럼 빵은 소비자에게 일정한 열량을 제공한다는 점에서는 사용가치를 그대로 지니고 있지만, 다른 유용한 생산물과 교환될 수 있다는 점에서는 **교환가치**라는 새로운 가치를 지니게 된다. 만약 일정량의 빵을 팔아서 그것으로 100장의 종이를 구할 수가 있다면, 이것은 그 일정량의 빵이 종이 100장의 가치가 있다는 뜻이다. 교환가치는 서로 다른 사용가치들(빵과 종이)이 교환되는 수량적 관계(종이 100장에 대해 빵 한 조각)다. 물론 이것은 교환가치의 화폐 척도인 가격으로 표시된다. 만약 예를 들어 빵 한 조각의 화폐 가치가 화폐 두 단위로 표시된다면, 이 빵 한 조각은 역시 화폐 두 단위로 표시되는 다른 어떤 생산물(예를 들어 상추 두 묶음, 또는 볼펜 두 자루, 고무줄 세 개 등)과도 교환될 수 있음이 분명하다. 한 조각의 빵이 교환될 때, 그것은 여전히 한 조각의 빵이며 모든 특질이 그대로 남아 있지만, 교환이라는 사실 때문에 하나의 상품이 된다.

마르크스는 모든 상품이 사용가치와 교환가치라는 두 가지 측면을 가지고 있음을 지적했다. 상품은 거래의 흐름 속에 끌어들이기 위해 생산한 물질적 재화다. 그 때문에 생계형 생산이 거의 사라진 오늘날, 인간이 만드는 생산물은 거의 모두 상품이다. 상품은 그 목적에 따라, 있는 그대로 소비할 수 있을 때(식료품, 의류 등)는 **소비재**가 되고, 다른 물건을 생산하는 데 쓰일 때(기계, 생산설비, 원자재, 중간가공재 등)는 **자본재**가 된다.

상품은 오랜 역사적 과정을 거쳐 이런 보편적인 성격을 가지게 됐다. 초기의 도구들이 여러 세기에 걸쳐 개선되고 다양화하면서, 그것을 다루는 사람은 점차 많은 숙련도가 필요해졌고, 마침내 어느 누구도 혼자서는 그 도구들을 잘 다룰 수 없는 시대가 됐다. 이것은 노동자들의 전문화에 유리한 여러 조건 가운데 하나였다. 장인 생산 단계에도 이미 전형적인 분업은 존재했다. 즉, 소상품생산을 영위하는 대장장이, 칠기 제조업자, 유기공 등이 있었다.

이 장인들은 비록 시장을 위해서 생산하긴 했지만, 자신의 생산수단을 소유하고 있는 전문적 독립 노동자들이었다. 그러므로 그 당시에도 상품이 존재하긴 했지만, 아직은 생계형 생산과 경쟁하고 있었다. 아직 자본은 생산에 침투하지 못했고, 생산은 개인 또는 가족이 했다. 아무리 기술이 진보했을지라도, 만약 어떤 사람들이 건물을 지어 시설을 갖추고 일정량의 도구와 원자재를 사들이고, 대개는 전에 독립적 장인이었던 노동 인력에게 임금을 지급하기에 충분한 많은 돈 — 즉 자본 — 을 축적하지 못했다면, 공장은 생겨나지 않았을 것이다.

그러면, 어떻게 해서 특권을 가진 몇몇 소수 사람들은 자본주의가 시작하고 발전하는 데 꼭 필요한 **자본의 시초 축적**을 할 수 있었을까? 간단히 말하면, 봉건 영주와 교회 당국이 당시의 주된 생산수단이던 토지를 강압적으로 몰수함으로써 자본의 시초 축적이 시작됐다고 할 수 있다. 정치가이자 역사가이며 1871년 파리코뮌의 파괴자이기도 한 루이 아돌포 티에르는 사유재산의 기원에 관해 상대주의적 견해를 주장했는데, 마르크스는 ≪자본≫에서 다음과 같이 반박했다. "실제 역사를 보면 정복 · 노예화 · 강탈 · 살인, 즉 폭력이 커다란 구실을 했음은 악명 높은 사실이다."[1]

시간이 지남에 따라, 소규모 상품생산은 상업이라는 새로운 사업 분야로 진출하는데, 이때는 이미 곡물 등 농산물의 거래가 이뤄지고 있었다. 상업이 발달한 덕분에 어떤 도시 거주자들은 전문적으로 상품을 구입해 되팔 수 있었고, 그 결과 약간의 상업자본을 축적할 수 있게 됐으며, 고리대금이 성행하면서 상업자본은 더욱 확대됐다. 소규모 거래에 종사하던 상인은 장사 규모가 커졌고, 교환은 국제적 규모에 이르렀으며, 무기 상인과 초창기 금융업자들도 나타났다.

마지막으로, 항해의 발달과 신대륙의 발견을 통해 지구의 반대편에서까지 모험적 사업이 크게 고무됐다. 대규모 교역을 하는 상인들은 신대륙에서 향료 · 비단 · 보석 · 귀금속 등을 구할 수 있었다. 부분적으로는 역시 강탈과 폭력을 통해서 말이다.

토지의 강탈과 거기에서 생산되는 생산물의 독차지, 국제 무역과 원격지 약탈 등이 초기 공장들의 새로운 생산 과정을 위해 축적된 자본의 주요 원천이었다. 산업자본이 생겨나고 있었다. 즉, 자본가들은 산업자본을 조성하고 재생산하기 위해 애썼고, 그리하여 자본주의 체제가 발생했으며, 상품 시장의 득세가 점차 굳건히 확립되기에 이르렀다.

시초 축적에서 산업자본까지는 실로 장구한 역사적 과정을 거쳤는데, 이 과정이 진행되는 동안 직접 생산자들은, 전에는 모두 자신의 소유물이었던 거래 수단과 노동 생산물을 박탈당하게 된다. 생산수단과 생산자의 완전한 분리가 바로 자본주의의 본질적 특징이다. 그리하여 생산수단은 새로운 계급 — 부르주아지 — 이 지배하게 되고, 생산수단을 잃어 버린 노동자들은 자신들에게 남겨진 유일한 것 — 노동력 — 을 팔기 위해 공장 문 앞에 줄을 서야 한다.

앞에서 살펴본 것처럼, 상품은 사용가치와 교환가치를 지니고 있다. 그러면 무엇이 사용가치를 부여하며, 무엇이 교환가치를 결정할까?

우선 사람의 손이 가지 않은 천연 원료, 예를 들어 땅 속에 깊이 묻혀 있는 어떤 금속 광맥이나 숲 속 한가운데에서 저 혼자 잘 자라고 있는 참나무를 생각해 보자. 우리는 그 금속이나 참나무 재목이 인간에게 유용하다는 것을 잘 알고 있다. 하지만 그것들이 깊은 땅 속이나 숲 속에 그냥 있는 한은 사용할 수가 없다. 그것들이 유용해지려면 인간의 노동이 필요하다. 그 금속이 들어 있는 광석을 캐내야 하고, 참나무는 톱질해 쓰러뜨려야 하며, 둘 다 사용 장소까지 운반해야 한다. 이 예로써 우리는, 천연적 부라는 것은 인간의 노동을 가해 인간의 필요에 알맞게 만들 때 — 다시 말해서 그것들에 '가치'가 부여될 때 — 까지는 단지 **잠재적 가치**일 뿐이라는 것을 알 수 있다.

철광석을 보자. 철광석을 캐고 공장으로 운반하고 철을 추출하는 등 오직 인간의 노동을 가미함으로써만 철광석은 철이나 강철로 변형되고, 압연 또는 주조된다. '반(半)가공' 중간 생산물의 일부는 이 공장을 떠나 다른 공장으로 들어가 소수 기술자들의 지적이고 전문적인 작업과 다수 노동자들의 육체 노동을 통해 산업용 기계 · 설비로 변형된다. 반가공 중간 생산물의 다른 일부는 또 다른 공장으로 들어가서 소비재로 변하기도 한다. 이 모든 과정에 노동이 가미된다. 자본 설비는 노동자의 노동 효율을 증대시킨다. 그러나 이 자본 설비라는 것도 단지 **앞 단계**의 인간 노동이 구체화하고 물질화한 것에 불과하다. 모든 공장은 다 그러한 노동의 덩어리다. 간단히 말해서, 인간의 모든 생산물은 인간의 노동으로 만든 것이고 인간 노동의 산물이다. 그러므로 노동은 그 생산물들이 지니고 있는 가치의 유일한 원천이다.

앞에서 우리는 상품이란 일정 비율로 다른 것과 교환되는 재화이며, 그 때문에 **교환가치**를 지닌다고 말한 바 있다. 그러면, 재화들 사이의 교환 비율은 어떻게 결정되는 것일까? 좀 더 구체적으로 말한다면, 왜 어떤 공장에서 나온 일정량의 철이 (예컨대) 주물공의 방열복 한 벌과 교환될 수 있을까? 이 한 벌의 방열복과 일정량의 철은 물리적으로는 아무런 공통점이 없다. 그것들은 구성 성분으로 비교할 수도 없고, 무게나 부피로 비교할 수도 없다. 우리가 한쪽의 가치와 다른 한쪽의 가치가 같음을 인정하므로 우리는 방열복 한 벌의 가치와 일정량의 철의 가치가 어떤 눈에 보이지 않는 공통 요소를 통해서만 측정될 수 있다고 결론지어야 한다. 이 공통 요소가 바로 노동이다. **모든 상품의 유일한 공통 내용은 바로 그 상품을 생산해 낸 노동이다.**

교환 체제가 시작됐을 때, 만약 어떤 대장장이가 낫을 하나 만들었는데 양식에 필요한 곡물을 원했다면, 그는 농부에게로 달려갔을 것이다. 그 대장장이의 노동과 농부의 노동은 그 단계에서는 **단순 노동**이었는데, 그것은 양쪽의 노동이 모두 "어떤 특별한 발전은 별문제로 하고 모든 보통 개인의 육체에 평균적으로 존재하는 단순한 노동력의 사용"[2]을 나타내고 있었기 때문이다.

그 농부가 대장장이의 일을 했더라도 똑같이 쉽게 해낼 수 있었을 것이고, 반대로 대장장이의 경우도 마찬가지다. 그러므로 당연히 낫과 곡물을 교환할 때, 농부와 대장장이는 일정 시간의 같은 양의 단순 노동을 — 대장장이가 낫을 만드는 데 든 시간과 농부가 곡물을 만드는 데 든 시간을 — 서로 바꾼 셈이다. 이 시간의 양을 어림하기는 어렵지 않았다.

누구나 알다시피 오늘날의 노동은 단순하지 않고 **복잡하다**. 우리의 공장에서 나오는 보통의 철과 강철은 육체 노동자의 미숙련 노동을 포함하고 있고, 숙련 노동자와 기술자 등의 숙련 노동도 포함한다. 각기 다른 숙련 수준의 노동은 각기 다른 가치를 가지고 있다. 말하자면, 똑같은 노동시간이더라도 생산물에 추가되는 가치는 더 많거나 더 적다. 그런가 하면, 장인의 숙련 노동은 부분적으로는 그들을 훈련시킨 '우두머리 장인'의 노동에서 나온 것이기도 하다. 그들의 노동은 하나의 복합체로, 다른 사람들이 전에 한 노동을 내부에 포함하는 것이다.

단순 노동과 복잡 또는 숙련 노동을 측정할 수 있는 공통의 척도가 있는가? 있다. 왜냐하면 복잡 노동은 단순 노동의 몇 곱일 뿐이기 때문이다. 오늘날 공장에서 하는 복잡 노동 한 시간으로 옛날의 장인에게는 다섯 시간이 필요했던 물건을 만들어 낸다고 가정해 보자. 단순히 이것은 복잡 노동이 단순 노동보다 다섯 배 생산적이라는 것, 즉 단순 노동의 다섯 곱임을 뜻한다고 할 수 있을 것이다.

오늘날의 노동은 복잡하다. 또한 (앞에서 본 대로) 사회적이다. 즉, 집합 노동이다. 그래서 수백, 수천의 노동자가 하나의 공장에서 함께 일한다. 한 공장의 생산물은 그 공장 안에서 사용된 노동, 즉 즉각적 노동의 산물이기도 하지만, 또한 그 공장의 기계 · 설비 그리고 관련 원자재 등으로 구현된 이전 노동의 산물이기도 하다. 그것은 또 과거와 현재의 이른바 '일반적 노동', 즉 과학적 노동의 일부가 구현된 것이기도 한데, 이 과학적 노동은 인간 사회가 자연력을 알아내고 가동할 수 있게 한 모든 발명과 발견을 가능하게

했다. 하나의 상품으로 구현된 인간 노동은 "사회가 소비한 총노동량의 한 부분이다."[3] 우리는 여기에서 **어떤 상품을 생산하는 데 사회적으로 필요한 노동량이 그 상품의 가치를 결정한다**고 결론지을 수 있다. 여기에서 '사회적'이라는 말은 '특정 사회의 일반적 조건하에서'라는 뜻으로 넓은 의미에서 사용한 것이다.

그러므로 한 상품의 가치는 실제로는 측정할 수 없다. 일정 무게의 빵의 가치가 절대적으로 그리고 독립적으로 결정될 수는 없다. 그러한 가치가 빵 안에 포함돼 있다고 말할 수는 없다. 그것은 오직 하나 이상의 다른 상품의 가치와 관련지어야만 표현할 수 있는 것이다. 처음의 예로 돌아가서, 만약 빵 한 조각이 종이 100장과 교환된다면, 빵은 종이의 가치를 나타내는 동시에 종이는 빵의 가치를 나타낸다. 이처럼 가치는 오직 등가물의 관계를 통해서만 성립할 수 있다. 게다가 그와 같은 관계는 아주 다각적이다. 왜냐하면 빵은 각각 다른 양으로 수천 가지 종류의 다른 상품들과 교환될 수 있기 때문이다. 시장에 나와 있는 셀 수 없이 많은 상품을 간단하게 즉각 교환할 수 있게 하기 위해서는 다른 모든 상품에 대해 **일반적 등가물**, 즉 보편적 매개체 구실을 할 하나의 상품을 찾아낼 필요가 있었다. 금과 은이 즉각 이러한 일반적 등가물로서 나타났는데, 그것은 금이나 은이 가진 신비하고 초자연적인 속성 때문이 아니라, 그것들이 다른 것들과 마찬가지로 하나의 상품이면서도 일반적 등가물로서 꼭 필요한 물질적 속성을 더 많이 가지고 있기 때문이었다. 즉, 그것들은 변질되지 않고, 가치에 비해 무게와 부피가 작으며, 식별하기 쉽고, 작게 쪼개기가 쉬웠던 것이다. 처음에는 금괴와 은괴가 나타났다가 점차 여러 국가가 중량과 금속 내용물을 보증해 주조한 주화(금화와 은화)가 나타났다. 이것이 화폐가 된 것이다. 그 뒤에 금화와 은화는 지폐, 수표, 어음 등 다른 형태로 대체됐다. (이것은 나중에 논의하게 된다.) 일단 귀금속이 일반적 등가물이 되자, 재화의 가치는 금 또는 은의 무게로 표시됐고 그리하여 일정한 화폐 단위로 표시됐다. 빵 한 조각이 종이 100장의 가치가 있다고 말하지 않고, 이제는 예컨대 화폐 두 단위의 가치가 있다고 말한다. 이처럼 **가격**은 상품 가치의 화폐적 표현이다.

3장
노동력 : 잉여가치를 창조하는 유일무이한 상품

자본주의가 출현하기 전에 농부와 장인은 자신이 만들어 낸 상품을 시장으로 가지고 가서 돈으로 바꿨다. 그 돈으로 그는 자신의 개인 소비에 필요한 여러 가지 물건들을 구입했다. 예를 들어, 농부는 채소를 팔아 그 돈으로 옷을 샀고, 장인(직조공)은 반대로 옷을 팔아 채소를 샀다. 이것이 바로 **소(규모) 상품생산**이다.

농부나 장인은 둘 다 **사기 위해 팔았던** 것이며, 이러한 교환의 운동은 다음과 같이 나타낼 수 있었다.

C(상품) → M(화폐) → C(상품)

여기에서 셋째이자 마지막 단계 상품(C)의 가치는 첫째 단계 상품(C)의 가치와 같았다.

그런데 곧 새로운 행위자가 무대에 나타났다. 앞에서 얘기한 대로 화폐, 즉 자본을 보유하고 있고 그 자본을 가지고 교환을 직업으로 하는 사람이 등장했다. 이 사람은 화폐만을 가지고 있으므로 먼저 상품을 사야 한다 — 개인 소비를 위해서가 아니라 다른 사람에게 다시 팔기 위해서. 교환의 목적은 이제 더는 사기 위해서 파는 것이 아니라, 거꾸로 **팔기 위해 사는** 것이 됐다. 그리하여 교환의 운동은 다음과 같이 됐다.

M(화폐) → C(상품) → M'(화폐)

M'은 거래가 끝났을 때의 화폐인데, 거래가 시작됐을 때 투여했던 화폐의 총량(M)과 같지는 않다. 왜냐하면 자본가가 자신이 지출한 것 이상으로 되팔 수 없는 상품을 사느라고 돈을 쓰는 일은 결코 없기 때문이다. 따라서 M' ＞M, 그리고 M' = M+m이다. 여기에서 'm'이란 흔히 말하는 이익 또는 이윤인데, 우리는 앞으로 잉여가치라고 부를 것이다. 그런데 자본가인 상인은 생산물을 파는 사람에게서 가치보다 싼값으로 물건을 사야만 잉여가치를 실현할 수 있다. 파는 사람으로서는 고객을 찾아 헤매느라 귀중한 시간을 소비하느니보다는 차라리 가치의 일부를 상인에게 양보하는 쪽을 택하는 것이다.

한 가지 분명한 사실은, 사기 위해 파는 활동이 중단 없이 이뤄질 수는 없다는 점이다. 직조공들은 옷감을 짜내는 행위를 반복해야만 옷감을 더 많이 만들 수 있다. 반면, 자본을 소유한 사람은 언제든지 자신의 돈을 다시 유통에 투입할 수 있고, 될수록 자주 그리고 신속하게 자신의 활동 — 팔기 위해 사는, 즉 돈에서 시작해 더 많은 돈을 얻는 사업 — 을 반복할 수 있으며, 그럼으로써 자신의 자본을 증대시킬 수 있다. 그러나 이 활동은 다른 사람들이 만들어 내는 상품보다 많이 살 수가 없다는 한계가 있다. 그 이유는 그 자신의 활동은 새로운 부를 창조하지 않기 때문이다. 그 때문에 역사상의 어느 단계에 이르면, 자본가 상인은 자기 스스로가 자본가 제조업자 그리고 후대에 산업체 소유자가 되는 것이 자신에게 이익이 된다는 것을 깨닫게 된다. 그리하여 상인 자본가는 자기 자본을 가지고 건물, 기계·설비, 원자재, 노동 인력 등을 구입해 이것으로 직접 상품을 만들어 팔게 된다. 여기에서도 처음에는 일정액의 돈(M)이 있었다. 이것이 노동력, 원자재, 기계 등 여러 가지 상품(C)이 되고, 이 과정이 끝날 때는 다시 돈(M')이 되는데, 이것은 앞의 돈보다 많다(M' > M). 앞의 상인 자본의 경우와 다른 점은, 처음에 사들인 상품들이 다른 상품들로 변형됐다는 점이다. 하지만 그렇다고 해서 활동의 본질이나 진로가 달라지는 것은 아니다. 자본의 운동은 여전히 존재하고, 여전히 끊임없으며 무제한적이다. 날마다 새 원자재와 노동 등이 투입되고, 날마다 새로 상품이 만들어지며 판매된다. 날마다 돈이 그 기업체를 드나

든다. 그리하여 M→C→M'의 공식은 **자본의 일반 공식**으로 여겨져야 한다.

잉여가치는 어디에서 나오는가

다음으로 잉여가치의 원천에 대해 연구해 보기로 하자. 앞에서 본 대로, 상품의 교환가치는 그 안에 들어 있는 사회적 노동의 양이 결정하고, 가격이란 단지 그 가치의 화폐적 표현이다. 교환은 상품의 가치를 변화시키지 못한다.

자본의 일반 공식에서 M'은 M보다 큰데, 그것은 오직 공장의 생산력이 가동되기 때문이다. 자본가는 건물, 기계·설비, 원자재, 노동력 등을 합계 M의 가치만큼 구입한다. 그러나 이것들은 생산 과정을 거치면서 새로운 재화로 만들어지는데, 공장을 떠나기 전의 그 시점에서 그 새로운 재화는 M' = M+m의 가치를 가진다. 어떠한 사고 파는 행위와도 상관없이, 새로운 가치(m)는 단지 다른 어떤 상품과도 같지 않은 특정 상품이 생산 과정에 들어옴으로써 창조되는 것인데, 이 특수한 상품은 일단 구매돼 가동되면 추가적 가치인 잉여가치를 창조하는 속성이 있다. 이 상품이 곧 **노동력**인데, 노동과 혼동해서는 안 된다.

마르크스는 노동력을, "한 사람의 내부에 존재하는 정신적·육체적 능력 — 모종의 사용가치를 만들 때마다 사용하는 능력 — 의 총체"[4]라고 정의하고 있다. 그러므로 노동력은 사용하지 않은 채 그냥 묵혀 둘 수 있거나 아니면 발휘할 수 있으며 강도가 다르게 사용할 수 있는 능력, 잠재력이다. 그리고 이에 비해 노동은 일하는 행위("나는 어제 여섯 시간 동안 일했다")를 말한다.

어떤 노동자가 일자리를 구하려고 공장 문 앞에 나타났을 때 어떤 일이 일어날까? 두 사람, 즉 노동자와 자본가 사이에서 거래가 이뤄진다. 자본가는 돈으로 노동자의 노동력을 사고, 노동자는 자기의 노동력을 팔기로 동의한다. 이 거래는 마치 다른 물질적 상품, 예를 들어 옷이나 볼펜이 거래되는 것과 꼭 마찬가지인 양 이뤄진다. 즉, 자본가는 노동력을 그 화폐 가치대로 사고, 이 노동력과의 교환에 일정액의 임금을 지급하는 데 동의한다. 마치 가격이 일반 상품 가치의 화폐적 표현이듯이, 임금은 노동력이라는 특별한 상품이 가진 가치의 화폐적 표현이다.

앞에서 우리는 상품의 가치가 그것을 생산하는 데 사회적으로 필요한 노동의 양에 따라 결정된다고 얘기했다. 이 가치법칙은 일반적인 것이고, 다른 상품과 마찬가지로 노동력에도 적용된다. 여기에서 우리는 자문하지 않을 수 없다. 노동력을 생산할 수 있는 것은 무엇 덕분인가? 노동력의 가치를 결정하는 것은 무엇인가? 노동력이 있고 재생산되기 위해서는 노동자가 먹어야 하고, 입어야 하며, 주거지가 있어야 할 뿐 아니라, 몸이 아프면 치료해야 하고, 집에서 공장까지 출퇴근해야 한다는 것 등은 두말할 필요가 없다. 간단히 말해서 노동력의 생산과 유지를 위해서는 생계 수단이 필요한데, 이 생계 수단의 가치가 바로 노동력의 가치다. '생계 수단'이라는 표현은 넓은 의미로 이해해야 한다. 언젠가는 노동자가 너무 늙어서 더는 일할 수 없을 때가 올 것이고, 그때는 그의 자녀가 그를 대신해 일하게 될 것이다. 그러므로 생계 수단은 노동자와 그 가족의 것까지도 포함해서 생각해야 한다.

이 생계 수단 개념의 구체적 표현은 시간과 장소에 따라 다양하다. 공간적으로, '저개발' 사회와 '선진' 사회는 생계 수단으로 필요한 재화의 양이 다르다. (이 점은 나중에 제국주의 문제를 다룰 때 다시 언급할 것이다.) 예컨대 오늘날 유럽에서 노동력 재생산을 위해 필요한 생산물들은 1백50년 전과는 명백히 다르다. 문명이 발달하면서 새로운 요인들이 생겨났고 충족시켜야 할 요구가 더 많아졌다. 예를 들면, 유급 휴가는 오늘날 노동력의 유지를 위해 필수적인 것으로 생각되고 있다. 이처럼, 사회적 요소(나라에 따라, 사회의 유형에 따라 다르다)와 역사적 요소(같은 나라 안에서도 시간에 따라 다르다)가 노동력의 가치를 결정하는 데 영향을 미친다. 그러나 "어떤 나라에서, 어떤 시기의 노동자에게 필요한 생계 수단의 평균적 양은 알려져 있는 것이나 마찬가지다."[5]

자본가는 많은 노동자의 노동력을 산다. 뿐만 아니라 이 자본가는 노동력을 가동할 생산수단도 사들여야 한다. 이처럼 자본가는 화폐자본을 다음과 같은 요소를 포함하는 생산자본으로 바꾼다.

(1) 건물과 도구와 설비, (2) 원자재와 기타 보조 자재, (3) 노동력.

'기타 보조 자재'는 원자재처럼 완제품에 포함되는 것은 아니지만, 완제품 생산에 꼭 필요한 생산물(예컨대, 기계류용 윤활유라든가 기계를 가동하기 위한 동력 등)을 말한다.

노동자의 노동력은 일단 가동하면 두 가지 효과를 낸다. 한편으로, 노동력은 사용되는 생산수단에 포함돼 있는 가치를 최종 생산물로 이전시킨다. 만약 생산수단이 완전히 소비된다면(원자재 등의 경우) 그 가치가 모두 이전되는 것이지만, 내구성이고 가치가 감소하는 건물 · 도구 · 설비 등의 경우에는 전체 가치의 단지 일부만이 이전된다. 다른 한편으로, 새로운 가치는 모두 노동의 결과다. 노동은 상품 생산 과정에서 상품 안에 포함되는 새로운 가치를 창조한다.

하루 8시간의 노동에 대해 화폐 60단위의 임금을 지급받는 노동자가 있다고 가정해 보자. 이 60단위는 그 노동자의 노동력의 가치를 나타내며, 그와 그의 가족의 생계 수단의 가치다. 이 노동자는 4시간의 노동으로 그의 하루 생계 필수품과 동등한 가치(60단위)를 창조해 낼 수 있다고 가정하자. 그런데 이 4시간 동안 그는 새로운 가치를 추가했을 뿐 아니라, (1) 최종 생산물에 포함된 원자재의 가치와 (2) 제품을 제조하면서 사용한(마모된) 기계류의 가치를 최종 생산물로 이전시켰다. (1)과 (2)의 가치가 예를 들어 40단위라고 가정해 보자.

그러면 4시간 동안 생산한 상품의 가치는 60(노동자가 창조한 가치)+40(생산수단에서 이전된 가치) = 100이 될 것이다. 자본가는 100단위의 자본을 투여했고 역시 100단위만큼의 생산물을 얻었다. 만약 여기서 하루 작업이 끝난다면, 자본가는 아무것도 벌어들이지 못한 셈이며 차라리 공장 문을 닫고 어디 공기 좋은 곳에 가서 쉬는 게 나을 것이다. 그리고 자본주의 체제는 붕괴할 것이다. 이 체제가 기능을 하기 위해서는, 노동자가 자신의 하루 필요 생계수단과 동등한 가치를 창조하는 데 필요한 시간 — 자신의 노동력을 재생산하는 데 필요한 노동시간으로, **필요노동 시간**이라 한다 — 보다 더 오래 일해야 한다.

이런 이유에서 노동시간이 4시간이 아니라 8시간으로 정해지는 것이고, 자본가들이 노동자의 노동력을 8시간 동안 사용할 수 있는 권리를 확보한 것이다. 나중의 4시간 동안 자본가는 다시 40단위의 생산수단을 공급해, 최종 생산물로 이전되도록 할 것이다. 하지만 노동자는 4시간의 추가 노동에 대해서는 임금을 받지 못할 것인데, 그것은 그의 사용자가 노동력의 하루 총가치 — 이것은 앞의 4시간 동안 보상받았다 — 60단위를 이미 지급했기 때문이다. 하루 일 중 나중 4시간의 노동은 보수를 받지 못하는 추가 노동, 즉 무보수 노동인데, **잉여노동**이라고 부른다.

4시간의 잉여노동을 통해 생산하는 상품의 가치는 역시 40(생산수단에서 이전된 가치)+60(노동이 추가한 가치) = 100단위다.

이 가치는 자본가 차지가 된다. 그러나 자본가는 이 4시간 동안의 잉여노동이 추가한 60단위에 대해서는 지급하지 않았으므로, 그는 이것을 생기게 하기 위해 40단위만을 소비한 셈이다. 잉여노동이 만들어 낸 이 60단위가 바로 **잉여가치** — 자본주의 착취의 산물 — 다. 이것은 잉여노동에 할당된 시간과 필요노동에 할당된 시간 사이의 비율을 확인함으로써 측정할 수 있다. 우리의 예에서 **잉여가치율**, 즉 **착취율**은 4시간 대 4시간, 즉 100퍼센트다.

물론 이 예는 개략적인 것이고 단지 현실 분석을 단순한 도식으로 만든 것일 뿐이다. 하지만 위의 잉여가치율이 실제와 거리가 먼 것은 아니다. 1962년에 프랑스의 한 경제학자는 프랑스의 연평균 잉여가치율이 166퍼센트라고 추산했다. 이것은 요컨대, "생산노동자에게 지급되는 임금과 사회적 급여는 하루 8시간 중에서 3시간어치에 불과하고, 나머지 5시간은 자본이 차지한다"[6]는 것을 의미한다.

절대적 잉여가치와 상대적 잉여가치

논의를 더 진행하기 위해서 몇 가지 새로운 정의를 내려 두자.

앞에서 우리는 어떤 상품이든지 그 가치에는 두 가지 요소가 있다는 점을 설명했다. 즉, (1) 건물, 도구, 설비, 원자재, 기타 보조 자재 등은 그 가치의 일부 또는 전부가 생산 과정에서 단순히 생산물로 이전된다. 이러한 요소에 투여되는 자본은 그 가치가 변하지 않으므로 **불변자본**이라고 부른다. (2) 반면, 임금과 급료로 지급하는 자본은 가치의 증가, 즉 잉여가치를 가져다주므로 **가변자본**이라고 한다.

잉여가치가 무보수 노동을 뜻하므로, 자연히 자본가는 무보수 노동을 극대화하려 애쓴다. 필요노동 시간은 어떤 주어진 시기에는 거의 변화가 없다. 그것은 필요노동 시간이 노동력을 유지하는 데 필요한 생계 수단의 평균적 가치를 나타내기 때문이다. 그러나 만일 자본가가 임금은 올려 주지 않으면서 하루의 노동시간을 늘릴 수 있다면, 잉여노동을 생산하는 시간이 늘어날 것이고 따라서 잉여가치도 늘어날 것이다. **절대적 잉여가치**라는 용어는 순전히 하루의 노동시간을 연장함으로써 얻는 잉여가치를 말한다. 노동시간 문제는 19세기의 위대한 노동자 투쟁들의 핵심 쟁점이었다. 처음에 기업주들은 노동시간을 14시간 이상으로까지 연장했다. 그러나 노동자 투쟁이 전개되면서 노동시간을 12시간으로 단축할 수 있었고, 이어서 10시간 그리고 마침내는 8시간으로까지 단축시켰다.

그렇다면, 오늘날처럼 노동시간이 장기간 고정돼 있다면 자본가들은 어떻게 잉여가치를 증대시킬 수 있을까? 언제나 그들은 그러한 증대를 이루려고 애쓴다. 그들은 필요노동에 필요한 시간을 줄임으로써 자신의 목적을 이룰 수 있다. 즉, 고정돼 있는 여덟 시간의 내부 관계 — 필요노동에 드는 시간과 잉여노동에 드는 시간 사이의 관계 ― 를 변경하기 위한 조건을 만들어 내는 것이다. 이처럼 노동시간의 내부 관계를 변경함으로써 늘어나는 잉여가치를 **상대적 잉여가치**라고 한다.

과학과 기술이 발전하면서 노동력 유지에 필요한 생계용 재화, 예컨대 식료품, 의복 등의 제조 생산성이 증가한다면 필요노동 시간을 단축할 수 있다. 즉, 생계용 재화의 가치가 줄면, 이와 함께 노동력의 가치도 줄고 따라서 필요노동 시간도 줄어든다. 예를 들어, 하루 8시간의 노동 가운데 필요노동 시간이 4시간에서 3시간으로 줄어들 수 있다. 그러면 잉여노동 시간이 4시간에서 5시간으로 늘어나며, 잉여가치도 상대적으로 증가한다. 임금이 비례해 오르지 않으면서 이뤄지는 노동 생산성 증가가 노동 착취를 강화한다는 것을 자본가들은 잘 알고 있고, 실제로 그들은 제2차세계대전 후에 이런 방법을 많이 사용해 오고 있다.

또, 그들은 착취 강화가 **노동 생산성** 증가(노동자의 수고는 변하지 않고 결과는 늘어난다)를 통해서뿐 아니라 **노동 강도** 증가(작업 속도를 빨리하고 더 많은 기계를 담당하는 등 노동자의 더 많은 육체적 수고를 요구한다)를 통해서도 이뤄진다는 사실을 알고 있다. 후자의 경우 잉여노동 시간은 변하지 않지만, 수고가 더 많아지기 때문에 그 시간에 만들어지는 생산물은 늘어나게 된다. 그래서 그 효과는 임금을 올려 주지 않고 노동시간을 연장하는 것과 같아진다. 즉, 노동자 편에서는 보통은 10시간에 투여할 생산적 노력을 8시간에 투여하게 되는 것이다. 그리하여 절대적 잉여가치가 증가한다.

잉여가치가 없다면 자본가는 등장할 수도 없었을 것이고 존속할 수도 없을 것이다. 그러므로 절대적 잉여가치를 통해서든 상대적 잉여가치를 통해서든, 또는 그 둘의 결합을 통해서든 간에 자본가들은 언제나 잉여가치를 늘리는 데 관심을 갖는다. 잉여가치는 자본주의 생산양식의 근간으로, 노동자의 무보수 잉여노동을 통해서만 창조할 수 있다. 여기서 노동자 계급과 자본가 계급 사이의 대립이 발생하는데, 이 대립은 자본주의 체제를 지배하는 법칙에서 비롯하는 것이기 때문에 체제의 틀 안에서는 소멸할 수 없다. 그래서 노동자에게서 잉여가치를 빼앗아 차지하는 것이 자본가의 본질이기 때문에 좋은 자본가란 있을 수 없고, 단지 조금 더 나쁘거나 조금 덜 나쁜 자본가만 있을 수 있다.

4장
이윤

앞에서 우리는 교환을 목적으로 하는 물질적 재화, 즉 상품의 생산이라는 맥락에서만 잉여가치가 창조될 수 있음을 봤다. 그 같은 상품 생산이 없다면 잉여가치도 없다.

우리는 잉여가치의 진정한 본질이 무보수 잉여노동임을 밝혀냈다. 이 진정한 본질은 보통 감춰져 있다. 만약 어떤 노동자가 그 본질을 밝혀내지 못한다면 그는 앞으로도 30여 년을 더 잉여가치를 규명하지 못한 채 작업대나 기계에서 고생해야 할 것이다. 반면, 자본가인 공장주는 잉여가치의 가시적 화폐 형태일 뿐인 **이윤**을 얻을 것임이 분명하다. 이것을 밝히기 위해서 우리는 **자본의 순환(회전)** 과정에 눈을 돌릴 필요가 있다.

앞에서 이야기한 대로 M→C→M' 공식은 자본의 일반 공식이다. 자본은 먼저 화폐 형태(M)를 취한다. 그 다음에 자본가는 이 화폐를 생산수단 상품으로 바꾸고 이것으로 판매용 상품을 만든다. (이 모든 것이 C로 표시된다.) 마지막으로, 이 상품은 판매돼 다시 화폐(M')로 바뀐다. 자본의 이러한 순환 운동은 아래 그림에 잘 나타나 있다.

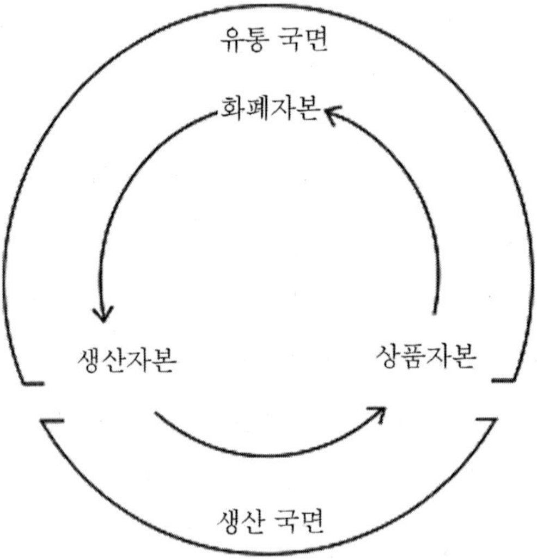

내부의 원은 화폐자본이 생산자본(건물, 도구, 원자재, 보조 자재, 노동력 등)으로 바뀌고, 이 생산자본이 노동을 통해 상품자본으로 바뀌며, 마지막으로 상품의 판매를 통해 다시 화폐자본으로 돌아가 새로운 순환을 시작할 수 있게 함을 보여 준다.

바깥의 원은 두 국면으로 나뉘는 순환 운동을 보여 준다.

1. 전적으로 공장 내부에서 일어나는 **생산 국면**(생산자본의 상품자본으로의 변형)과,

2. 공장 외부에서 일어나는 **유통 국면**. 이 과정에서는 상품의 판매가 화폐를 만들어 내고 이 화폐는 새로운 생산에 쓰일 상품에 다시 투자된다.

이 운동은 끊임없고 그림보다 덜 도식적이다. 순환 주기의 한 부분에서 다음 부분으로 끊임없이 움직이지만, 규정된 길을 벗어날 수는 없다. 생산 국면과 유통 국면은 서로 분리할 수 없으며 변증법적 관계가 있다. 만약 하나가 속력을 잃으면 다른 하나도 늦춰지고, 그 역도 마찬가지다. 이 순환이 될수록 신속하게 이뤄지도록 하는 것이 자본가들에게 이익이 된다. 직장 · 반장들은 사장의 지시를 생산 라인으로 하달한다. 그들에게 공장은 아무런 방해나 지연 없이 원활하게 가동돼야 한다.

유통 국면으로 말하자면, 자본가는 상품이 생산되는 즉시 팔아 버리려 애쓴다. 시간을 잃어 버려서는 안 된다. 왜냐하면 자본의 순환 속도가 빨라지면 빨라질수록 주어진 시간에 자본가에게 생기는 잉여가치, 즉 이윤이 더 많아지기 때문이다. 그리고 이것은 잉여가치를 창조하는 잉여노동이 각 주기마다 일정량에 한정돼 있기 때문이다. 신속한 판매의 중요성은 갈수록 복잡해지는 자본주의 사회에서 생산물의 처분을 상업이나 분배 전문가들에게 맡길 필요성을 설명해 준다. 기업주가 이러한 전문가들에게 잠재적 이윤의 일부를

넘겨줘야 하는 것은 사실이다. 하지만 그들의 활동이 자본의 순환 속도를 빨리 함으로써 높은 이윤이 생기게 되므로 이것은 충분히 보충된다. 이에 대해서는 나중에 상업에 관해 이야기할 때 더욱 자세하게 다루기로 하자.

잠깐 다른 이야기를 해야겠다. 자본의 변형(화폐가 상품으로, 상품이 화폐로)이 진행되는 동안 자본가는 생산 자체에 투입되지 않으므로 생산적이라고 할 수가 없는 어떤 특별한 비용을 감수해야 한다. 생산물의 분배를 위한 전문적 상업 루트를 이용할 때조차도 자본가는 거래 서비스가 필요하고, 관리행정과 회계 부서가 있어야 하며, 금융 비용과 생산수단 유지 비용(설비와 건물의 유지, 보험료, 보조 자재의 저장 등)을 감당해야 한다. 포장 비용과 취급 비용 등도 있다. 간단히 말해서, 기업가들은 이러한 유동자본 비용을 지급해야 하는데, 이런 비용은 공장에서 나오는 상품의 가치에는 아무것도 추가하지 못하지만 그럼에도 상품 가치의 실현 — 그 가치를 화폐로 바꾸는 일 — 에는 꼭 필요한 것이다. 이 비용은 잉여가치에서 부담해야 하며, 이윤에서 공제된다. 하지만 그것이 이윤의 총량에 미치는 영향은 중요한 것이 아니므로, 앞으로의 분석에서는 그것을 무시해 버리기로 한다.

마지막으로, 운송 비용에 관한 것인데, 운송 비용은 위와 같은 유동자본 비용에 속하는 것이 아니다. 어떤 상품이 생산된 곳에서 소비된다는 것은 대개 불가능한 일이다. 철광석은 광산에서는 아무 필요가 없다. 모든 생산물의 사용가치는 그것이 사용자의 손이 닿는 곳에 있을 때만 실현될 수 있다. 그러므로 운송은 상품에 가치를 부가하는 일이고, 생산의 연장선상에 있는 것으로 봐야 한다.

이윤으로 잉여가치의 변형

이제 우리는 잉여가치가 이윤으로 변형되는 문제를 생각해 보기로 하자. 먼저, 우리가 앞서 배운 사실들을 돌이켜 보자. 상품의 가치에는 세 가지 요소가 있다.

(1) 생산 도구(건물 · 도구 · 설비)가 지닌 가치의 작은 부분이 그 가치 감소분만큼 상품으로 이전된다.

(2) 소비된 생산 자재(원자재와 보조 자재)의 가치 전체가 상품으로 이전된다.

(3) 반면에, 노동력은 **새로운 가치**를 창조하는데, 그 중 일부(필요노동)는 임금으로 지급되고 나머지 일부(잉여노동)는 자본가들이 차지한다. (후자를 잉여가치라고 부른다.)

항목 (1)과 (2)의 가치는 생산 과정에서 변화가 없는데, 그것은 그 가치들이 단순히 이전됐기 때문이다. (1)과 (2)에 투여된 자본을 **불변자본**이라 하고, 'c'로 표시하기로 한다.

반면에 항목 (3)에, 즉 임금에 투여된 자본은 잉여가치 덕분에

증식되므로 생산 과정에서 변하는 부분이다. 이것을 **가변자본**, 즉 'v'라 부르기로 한다. 또, 창조되기는 했지만 임금이 지급되지 않는 새로운 가치, 즉 잉여가치(잉여노동의 산물)를 's'라 표시하기로 한다. 그리하여, 만약 'm'을 어떤 상품의 가치라고 한다면 다음의 등식이 성립하게 된다.

$$m = c + v + s$$

이것은 가치법칙을 단순히 하나의 도식적 대수(代數)로 표시한 것이다.

예를 들어, 850단위(이것은 몇백만 프랑 또는 달러일 수도 있다)의 총자본을 투자한 한 자본가가 있고 그 자본이 다음과 같이 앞에서 설명한 세 요소로 나뉘었다고 가정해 보자.

1. 750단위는 생산 도구(건물, 설비, 기계, 도구 등)에 투자된다. 우리는 임의로 이 도구들이 10년이면 다 닳아 없어진다고, 즉 1년에 10퍼센트, 즉 75단위의 가치 감소가 있다고 가정하기로 한다. 이 75단위의 자본은 1년 동안 생산된 상품으로 이전되는 가치를 나타낸다. 이 숫자들은 아래 표의 첫 줄에 나타나 있다.

2. 이 자본가는 생산 자재(원자재와 보조 자재 등)를 구입하는 데 50단위를 할당하기로 결정한다. 이것은 4개월간의 필요분에 대한 비용이며, 따라서 앞 주기의 상품 판매로 벌어들인 돈을 가지고

1년에 세 차례 생산 자재를 구입해야 한다. 즉, 1년에 3×50 = 150의 가치가 이전된다. 이 숫자들은 아래 표의 둘째 줄에 나타나 있다.

3. 이 자본가는 또한 3개월간의 노동자 임금으로 50단위를 할당한다. 3개월 동안에 생산된 상품을 팔아, 지급된 자본을 대체할 수 있게 되고 그리하여 연간 4회의 대체를 할 것이다. 즉, 4×50 = 200의 가치가 1년 동안 상품 생산에 투여된다. 이 숫자는 아래 표의 셋째 줄에 있다.

4. 우리는 또한 1년 동안 생산되는 잉여가치도 고려해야 한다. 만약 노동자들이 임금을 받는 2시간의 필요노동에 대해 3시간의 무보수 잉여노동을 한다면, 임금에 대한 잉여가치 비율은 3 : 2가 될 것이고, 수치는 연간 300이 될 것이다. 이것은 아래 표의 밑 부분에 있다.

	투자 자본 총액	순환 기간	1년 동안 이전되는 가치
1. 생산 도구	750	10년	75
2. 원자재	50	4개월	150
3. 임금	50	3개월	200
투자 자본 총액	850		
1년간 생산된 상품의 생산비			425
1년간 생산된 잉여가치			300
1년간 생산된 가치			725

이 자본가는 총 850단위를 투자했지만, 이 중 일부만이 1년 동안의 상품 생산에 이전됐다. 이 이전된 가치는 75+150=225의 불변자본(c)과 200의 가변자본(v)이고, 합계 425단위다. 자본가는 이것을 1년 동안의 **생산비**, 즉 생산된 상품의 원가라고 생각한다. 그렇지만 1년 동안 생산된 상품의 가치는 이보다 크다.

$$m = 225c + 200v + 300s = 725$$

만약 보통의 경우처럼 자본가가 상품을 그 가치대로 725에 팔았다면, 그는 '나는 매출액 725에서 경비, 즉 원가 425를 뺀 300만큼의 연간 이익을 얻었다'고 말할 것이고, 이것은 옳은 얘기다. 이윤은 잉여가치와 같다. 그렇지만 잉여가치는 **상품이 팔리든 안 팔리든** 간에 그 상품 가치 안에 통합돼 있는 것인 반면에, 이윤은 판매되는 순간에야 비로소 나타난다. 즉, 잉여가치는 화폐 또는 자본으로 실현되고 변형될 때만 이윤이 된다. 마르크스주의자의 관심은 체제의 특징인 착취를 드러내는 잉여가치에 집중돼 있지만, 자본가는 자기 계좌로 들어가는 화폐이윤에 관심을 가진다. 마르크스는 이것을 다음과 같이 설명했다.

잉여가치와 잉여가치율은 상대적으로 눈에 보이지 않고 알려져 있지 않은 본질이어서 파고 들어가 볼 필요가 있는 반면, 이윤율과 따라서

잉여가치가 이윤 형태로 나타나는 것은 현상의 표면에 드러난다.[7]

잉여가치율이 잉여노동의 가치와 필요노동의 가치 사이의 관계라는 것은 반드시 기억할 필요가 있다. 이것은 우리의 예에서는,

$$\frac{300s}{200v}=150\%$$

가 된다.

그렇지만, 이윤율을 계산할 때 자본가는 이윤을 어떻게 생각할까? 사업에 들어간 자본 총액(여기에서는 850)을 고려함으로써 그는 이윤율이

$$\frac{300}{850}=35.3\%$$

라고 결론내릴 것이다.

그러므로 이윤율은 잉여가치율과는 전혀 다르다. 후자는 노동자가 착취당하는 정도를 측정하고 전자는 투자된 자본에 대한 수익을 측정한다. 그렇지만 잉여가치가 없다면 이윤이 있을 수 없다. 위의 계산에서 300이 잉여가치다. 만약 잉여가치가 없다면 $\frac{300}{850}$의 비율은 $\frac{0}{850}$, 즉 0이 될 것이다. 그러므로 만약 투자 자본 총액을 대문자 'C'로 표시한다면 이윤율은 공식 $\frac{s}{C}$로 구해진다. 그러나 앞에서 말한 대로 투자 자본 총액은 불변자본 'c'와 가변자본 'v'의 두 부분으로 나뉘므로, 이윤율 공식은 $\frac{s}{c+v}$로 표시하는 것이 더 좋다.

우리는 또한 's'와 'v'사이에는, 즉 잉여노동의 가치 또는 시간과 필요노동의 가치 또는 시간 사이에는 직접적 관계가 있다고 이야기한 바 있다. 프랑스에서 1962년에 계산한 것을 보면, 평균적으로 8시간 노동은 5시간의 잉여노동과 3시간의 필요노동으로 이뤄져 있었다. 물론 이 비율은 변할 수 있고 또 실제로 변하지만, 그 변화는 완만하고 한계가 있다. 논의를 편리하게 하기 위해 그 비율이 고정돼 있다고 가정하고, 그에 따라 앞의 이윤율 공식을 $\frac{5}{C+3}$로 바꿔 보자. 이 공식은 숫자 5와 3, 그리고 문자 'c', 즉 불변자본을 나타내는 미지수로 돼 있다. 상식으로도 그렇겠지만 실제로 관찰해 보면 'c'는 기업에 따라 상당히 다르다. 예를 들어, 자동차나 비행기를 생산하는 기업처럼 자본 집약적인 기업에서는 기계나 설비가 예컨대 채석업에 비해 훨씬 비싸다. 한 쪽의 'c'가 12단위의 가치가 있고 다른 한 쪽은 2단위의 가치가 있다고 가정하면 다음과 같은 이윤율을 얻을 수 있다.

$$\frac{5}{12+3}=\frac{5}{15}=33.3\%\text{와 }\frac{5}{2+3}=\frac{5}{5}=100\%$$

이것은, 만약 'v'가 일정(따라서 's'도 일정)하다면 이윤율은 'c', 즉 불변자본 가치의 함수로 인해 상당히 달라질 수 있음을 보여준다. 그러므로 기업의 총 투자 자본 가운데 불변자본에 투자된 부분과 가변자본에 투자된 부분 ─ 임금의 지급 ─ 간의 관계를 고려하는 것은 중요하다. 이 관계를 **자본의 유기적 구성**이라 하고 공식 $\frac{c}{v}$로 표시한다.

여전히 'S'와 'v'가 일정하다고 가정한다면, 이윤율은 기업에 따라 다를 것이고 산업에 따라서는 훨씬 더 다를 것이다(자본의 유기적 구성이 다르기 때문이다). 그러나, 예컨대 제강업 자본가들이 얻는 이윤과 화학이나 전기 또는 기계 공업 자본가들에게 생기는 이윤은 그다지 큰 차이가 없다. 왜 그럴까?

먼저 자본 순환의 속도, 다시 말해서 일정 기간에 이뤄질 수 있는 생산 주기의 횟수가 가지는 중요성을 다시 생각해 보자. 어떤 산업은 6개월 동안에 주기를 3회 채울 수 있고 또 어떤 산업은 10회나 20회까지도 채울 수 있다. 이것은 흔히 자본의 유기적 구성이 이윤율에 미치는 효과를 상쇄한다.

그렇지만 이윤율의 이러한 상대적 균등화 — 이것은 경험으로도 증명할 수 있다 — 는 특히 서로 다른 자본 투자 분야 간 경쟁에 달려 있다. 어떤 시기에 전체 산업의 평균 이윤율이 20퍼센트이고, 이것은 한 산업에서의 30퍼센트와 다른 산업에서의 10퍼센트 사이의 평균이라고 가정해 보자. 이것은 10퍼센트밖에 얻지 못하는 자본가들과 새로 투자할 자본을 가지고 있는 자본가들에게 생각할 거리를 제공해 줄 것이다. 그들 두 자본가들은 모두 이윤율 10퍼센트의 산업에서 30퍼센트의 이윤을 제공해 주는 산업으로 전환하려 할 것이다. 그러면 앞의 산업 분야에서는 생산이 저하돼 상품 부족

현상이 나타날 것이고, 그리하여 그 가격이 상승할 것이며 이윤도 증대할 것이다. 처음에 자본가들에게 인기가 있던 산업에서는 반대 현상이 일어날 것이다. 즉, 그쪽으로 자꾸 자본이 흘러 들어감으로써 가격이 떨어지고 이윤도 떨어진다.

이 주제에 관해서 이 밖에도 많은 이야기를 할 수 있겠지만, 그렇게 되면 본래의 목적에서 상당히 멀어지게 될 듯하다. 여기서는 자본가들이 투자 대상인 여러 산업들을 비교하기 때문에, 여러 가지 서로 다른 이윤율이 끊임없이 일반적 이윤율, 즉 **평균 이윤율**로 접근해 가는 경향이 있다는 사실만 기억해 두기로 하자.

이윤율은 하나의 경제 단위 안에서 결코 동일하지는 않지만, 그것이 균등해지는 경향은 자유 경쟁이라는 조건 아래서 자본주의의 실제 현실로 나타나고 있다.

또 한 가지 덧붙여 둘 것은, 어떤 나라에서도 자본가 이윤의 총합은 나라 전체에서 생산된 잉여가치의 총합과 같다는 것이다. 왜냐하면 모든 이윤은 화폐로 실현된 잉여가치일 뿐이기 때문이다. 그러므로 평균보다 높은 이윤율을 누리는 자본가는 실제로 나라 전체의 잉여가치 중에서 자기 몫보다 더 많이 차지하고 있는 것이다. 마찬가지로, 이윤율이 평균보다 낮은 자본가는 사실상 나라 전체의 잉여가치 중에서 자기 몫보다 적게 차지하고 있는 것이다. 한쪽이 이익을 얻는 것은 다른 한쪽이 손해를 봄으로써만 가능하다. 이런 사실은 나중에 우리가 오늘날의 독점자본과 그것이 전체 자본가 계급 내에서 발생시키는 모순들을 살펴볼 때 크게 도움이 될 것이다.

5장
여러 형태의 이윤 : 산업이윤, 상업이윤, 이자, 금리

지금까지 우리는 산업 형태의 이윤만을 생각했다. 이것은 산업이윤이 양적으로 가장 크며 잉여가치가 발생하는 유일한 분야라는 점에서 근본적 중요성을 가진다는 사실로 볼 때 합당한 것이었다. 하지만 자본과 이윤은 다른 형태로도 나타나는데, 이 중 가장 중요한 것은 **상업자본**과 **상업이윤**으로서, 이것들은 실제로 끊임없이 증가하고 있다.

일찍부터 우리는 자본 순환의 속도가 자본가들에게 매우 중요하다는 것을 강조해 왔다. 또한 자본가들은 상업이나 유통 전문가들에게 자기 생산물의 처분을 완전히 맡기고 그 대가로 자기 이윤의 일부를 그들에게 넘겨줌으로써 이 순환을 가속하려 한다는 것도 이야기했다.

이것을 쉽게 이해할 수 있도록, 연간 이윤 순환이라는 것의 정의와 그 공식을 생각해 보자. 이 공식은 $\frac{s}{C}$이다. 여기에서 'C'는 투자 자본 총액을 나타내며 불변자본(c)과 가변자본(v)으로 이뤄져 있고, 가변자본은 임금 지급에 투여되는 자본이다. 그러므로 이윤율은 $\frac{s}{c+v}$가 된다.

이러한 맥락에서, 서로 다르지만 자본의 합은 같은 두 투자 자본 총액 C'과 C"이 있다고 가정하고, 또 그들은 똑같은 잉여가치율 ― 예를 들어 100퍼센트 ― 과 똑같은 유기적 구성을 가진다고 가정하자. 예를 들면,

$$C' = C'' = 80c+20v = 100$$

그러나 C'은 1년에 두 번 순환하고 C"은 한 번만 순환한다고 하면 1년 동안 C'은 20v의 두 배인 40s에 달하는 잉여가치를 생산할 것인 반면에, C"은 20s의 잉여가치만을 생산할 수 있을 것이다. 자본 C'의 이윤율은 $\frac{40}{100}$=40%가 될 것이고, C"의 경우는 $\frac{20}{100}$=20%가 될 것이다. 이처럼, 다른 조건이 모두 같다면 자본 순환의 속도가 두 배 빨라짐에 따라 이윤율도 두 배가 된다. 자본의 순환이 빨라지면, 잉여가치가 더 빨리 실현될 수 있을 뿐 아니라, 일정 기간에 생산되는 절대 가치도 증가한다.

만약 산업 자본가가 자신의 생산물을 직접 배급하고 소비자에게 판매하려고 한다면, 그는 시간적 · 금전적 손실이 따르는 온갖 어려움에 부딪힐 것이다. 머지않아 그는 모든 거래를 스스로 맡아 하려는 것이 아무런 도움이 되지 않는다는 것을 느끼게 된다. 경험

을 통해 자본가들은 자신의 경쟁자들이 다양한 판로와 탄탄한 금융적 뒷받침을 받고 있는 사업가들이나 대규모 우편 주문 유통 체제를 갖춘 전문가들에게 의존함으로써 '자금 회수'를 더 신속하게 하고 있으며, 그럼으로써 이윤을 막대하게 증대시키고 있다는 것을 알게 된다. 자본가들은 적당한 몫을 상업 부문에 떼어 줌으로써 자본을 더 빨리 순환시켜 상당한 이점을 누릴 수 있다는 것을 깨닫게 된다.

그러므로, 선진 자본주의 경제에서는 광대한 상업 부문이 형성되고 발전해 경제 전반에 촉수를 뻗는 경향이 나타난다. 이 상업자본을 어떻게 분석해야 할까?

상업 자본가는 산업 자본가의 생산물 전부 또는 일부를 합의한 가격에 사들여 조금도 변형시키지 않은 채 더 높은 가격으로 다시 판매하는 전문가다. 이것은 생산 기업인과 중간상인이 합의한 가격을 통해서는 상품에 포함돼 있는 잉여가치의 일부만이 실현된다는 것을 뜻한다. 이것이 산업 자본가가 차지하는 부분이다. 잉여가치의 나머지 부분은 중간상인에게 서비스의 대가로 넘겨지는데, 이것은 상품이 최종적으로 소비자에게 판매될 때 비로소 실현된다. 상업 자본가는 자기의 사업이 새로운 가치를 창조한다고 믿고 있는데, 이렇게 믿고 있는 사람이 상업 자본가 혼자뿐인 것은 아니다. 왜냐하면 국가도 상업이윤과 산업이윤을 다 '부가 가치'로 규정하고 있기 때문이다. 그러나 이것은 착각일 뿐이다. 상업이윤은 실제로는 상업자본이 전체 가치 중에서 먼저 차지하거나 추출한 가치다. 생산 부문 바깥에서는 아무런 가치도 창조되지 않는다. 이것은 일정한 잉여가치를 산업자본과 상업자본이 나눠 가지기 때문에, 어떤 의미에서는 둘 사이에 객관적인 이익 충돌이 있음을 뜻한다. 동시에, 잉여가치를 극대화하는 것은 그들에게 공통으로 이익이 되며, 그것은 노동 착취의 증가를 뜻한다. 자본가 계급 내부에는 산업자본과 상업자본 간의 대립이 있지만, 이 대립은 자본가 계급 전체와 노동자 계급 사이의 주된 대립에 비해서는 부차적이다.

그리고 실제로 산업자본과 상업자본 간의 부차적 대립은 보통 상업 이윤율이 앞에서 정의한 평균 이윤율에서 크게 동떨어진 채 오래 지속될 수는 없다는 사실로 인해 해결된다. 만약 상업 이윤율이 산업 이윤율보다 실제로 훨씬 높아진다면, 산업 자본가들에게는 상업 부문에 투자해 자신의 생산물을 직접 소비자에게 배급하는 것이 유리할 것이다. 자본 투자 형태 사이의 경쟁은 각 부문 내에서만 일어나는 것이 아니라 서로 다른 부문 사이에서도 일어난다. 그 결과로 형성되는 평균 이윤율은 경제 전반에 적용되는 경향을 보인다.

산업 자본가들이나 상업 자본가들이 순전히 자신의 자본만으로 사업하는 경우는 거의 없다. 그들은 이자를 주고 돈을 빌려 쓴다. 대기업은 크고 작은 예금자에게 이자 낳는 대출에 대한 보답으로 증권 또는 채권을 발행한다. 예컨대 3000단위의 돈을 가지고 있는 예금자는 특정 회사의 100단위짜리 채권 30매를 살 수 있는데, 그 회사는 3000단위의 돈을 15년이나 20년 뒤에 상환하기로 하되, 차용 기간에 해마다 7~8퍼센트의 이자를 주기로 약속한다. 대기업은 또 국가에서 대출(대개 싼 이자로)을 받기도 한다. 흔히 은행은 자신의 고객인 기업에게 중기(中期) 대출을 해 주며, 기업이 받는 어음을 할인해 준다. 즉, 은행은 고객에게 어음 지급일까지의 기간(보통 3개월에서 6개월)에 어음 액면가대로 선불해 주고, 이를 할인하거나 이자를 받는다. 지금까지 이자를 낳는 대출(장기나 중기 또는 단기)의 여러 형태에 관해 설명했는데, 이 대출은 모두 기업가들이 사업을 확장할 수 있게 해 준다.

돈을 빌려 준 사람들이 받는 반대 급부인 이자를 어떻게 설명할 수 있을까? 화폐 자체가 본래부터 화폐를 만들어 내는 속성을 가지고 있지 않다는 것은 틀림없다. 화폐는 '새끼를 치지' 않는다. 그렇지만, 만약 화폐가 생산 과정에 투자되는 자본의 형태를 띠게 되면, 그것은 잉여가치를 차지하고 이윤을 얻는다. 앞에서 예로 든 3000단위의 저축액은 장롱 속에 감추고 있는 동안에는 아무것도 만들어 내지 않는다. 그것이 채권에 투자됐을 때만 8퍼센트의 이자를 낳기 시작한다. 왜냐하면 그래야만 기업이 그 돈을 생산 과정에 투자하게 되고 여기서 이윤이 발생하기 때문이다. 해마다 지급되는 이자는 생산자본인 원래 투자 총액이 발생시킨 잉여가치의 일부다. 그러므로 금리는 이윤율보다는 낮다. 만약 3000을 빌린 자본가가 그것을 다른 돈과 함께 생산에 투자함으로써 20퍼센트의 이익을 얻을 수 있다면, 그는 8퍼센트를 투자자에게 제공하고 12퍼센트의 순이익을 남길 수 있다.

잉여가치는 오직 생산 과정에서만 창조된다. 그러나 산업 자본가는 그 일부를 상업 자본가에게 나눠 주기도 하고, 추가로 잉여가치를 창조하는 데 쓸 수 있는 현금을 보유한 사람에게 또 다른 일부를 이자로 나눠 주기도 한다. 잉여가치 분배 문제가 점차 커지고 있기 때문에 이 점은 특히 중요하다. 이 모든 것은 결국 잉여가치가 이해 당사자들 간에 분배된다는 것을 보여 준다. 나중에 보게 되겠지만, 상업 자본가나 금융업자 외에도 이러한 이해 당사자들은 많이 있다.

이제 여기서, 그저 돈 만지는 것이 직업인 사람, 즉 금융업자에 대해 생각해 보자. 금융업자의 기능은 평균 이윤율보다 낮은 금리로 돈을 빌려 주는 일일 뿐이다. 그렇다면, 어떻게 이들은 일반적인 평균 이윤율과 동등한 비율의 이윤을 실현할 수 있을까? (만약 그렇지 않다면 아무도 금융업자가 되려 하지 않을 것이다.) 물론 이 역설은 사람들을 착각에 빠뜨린다.

첫째 의문은 금융자본의 근원에 관한 것이다. 좀 더 정확히 말하면, 금융업자들은 자기 사업을 위해 무엇을 사용할까 하는 것이다. 처음에 시작할 때는 틀림없이 자기 자본을 투자해 중앙사무소와 지점을 세우고 고객용 카운터를 만든다. 예를 들어 어떤 은행이 그런 식으로 총계 100단위의 자기 자본을 투자했다고 가정하자. 그 은행은 카운터를 통해서 곧 자기 자본을 훨씬 초과하는 예금을 끌어들일 수 있을 것이다. 이 예금이 곧 1000이라는 액수에 달할 것이라고 가정하는 것은 비현실적인 이야기가 아니다. 은행은 소액 당좌예금에 대해서는 이자를 지급하지 않는다. 고액의 저축예금과 정기예금, 보통예금 등에 대해서는 유동적이지만 결코 높지 않은 금리로 이자를 지급한다. 여기서, 여러 가지 저축예금에 대해 지급하는 평균 금리가 3퍼센트라고, 즉 1000에 대해 30이라고 가정해 보자. 은행은 예금으로 받은 돈 중에서 극히 일부만을 인출에 대비해 지불준비금 형태로 남겨 두고, 나머지는 자본가들에게 빌려 줄 것이다. 만약 이 은행이 200을 지불준비금 형태로 남겨 두고 800을 평균 금리 8퍼센트로 빌려 준다고 가정하면 은행이 받는 이자는 64가 된다. 연말에 은행의 이윤은 64(받은 이자)－30(지급돼 나간 이자) = 34가 될 것이다. 산업 자본가와 마찬가지로 금융업자도 이 이윤을 처음에 투자했던 100과 연관시킬 것이다. 그리하여 총이윤율은 $\frac{34}{100}$=34%가 된다. 이윤율은 자본가의 자본에 근거해 계산된다. 그러나 금융업자가 자본으로 운용하는 돈은 다른 사람의 돈이다. 마르크스는 이렇게 말했다. "이자를 낳는 자본에서 이러한 자동적인 물신(物神), 스스로 팽창하는 가치, 돈을 낳는 돈은 잠재적으로 자체 팽창하는 가치이고, 그렇게[자체 팽창하는 가치로

세] 대출된다. …… 가치를 발생시키고 이자를 낳는 것이 돈의 속성이 된다 …….” 그러나 이 겉모습 뒤에서 자본이 이자를 생산한다는 신비화 — “마치 사과나무가 사과를 생산하는 것과 같은”[8] — 가 모든 자본은 과거의 노동이 구체화한 것일 뿐이고 그러한 과거 노동의 가치는 산 노동(새로운 생산적 노동)과 접촉함으로써만 새로운 가치로 이전되고 통합된다는, 직접 눈에 보이지는 않지만 본질적인 현실을 은폐하고 있다.

이자를 낳는 자본이라는 물신은 환상일 뿐인데도 모든 자본가들의 생각 속에 깊이 자리 잡고 있다. 그 때문에 자본가들은 자신의 자본이 스스로 이자를 창조할 수 있다는 믿음으로 인해 아주 자연스럽게 모든 종류의 기업이윤에서 두 가지 독립된 요소를 구별해 내려 한다. 첫째는 자본에 대한 이자이고, 둘째는 기업가 이윤이라고 불리는 이윤(총이윤에서 자본에 대한 이자를 뺀 것)이다.

어떤 자본가가 한 해 동안 자본에 대해 20퍼센트의 순이익을 냈는데, 만일 이 자본을 다른 사람에게 대출했더라면 같은 기간에 7퍼센트의 이자를 얻을 수도 있었다고 한다면, 그 자본가는 다음과 같은 확고한 — 그리고 잘못된 — 결론을 내릴 것이다. 즉, 자본은 7퍼센트의 이자와 13퍼센트의 기업가 이윤, 즉 경영에 대한 보상을 발생시켰다고 말이다. 그리고 자본가는 우수 경영 기업이 부실 경영 기업보다 더 많은 이윤을 낸다는 사실로써 이 경영에 대한 보상 또는 보답을 정당화하려 할 것이다.

그러나 계급 대립 — 구체적으로 말해 직접 생산자인 노동자들과 생산수단의 지배자인 자본가들 간의 — 에 바탕을 두고 있는 체제하에서 경영과 관리 기능은 감독·억압 기능과 분리할 수 없는 것이 되는데, 특히 계급 대립이 더욱 첨예해지거나 널리 확산될 때는 단순하고 순수한 억압 기능이 돼 버린다. 이런 맥락에서 경영과 관리는 평화로운 동질의 '집합적 노동자'의 노동 조직화와는 아무런 관계가 없다. 그러므로 자본에 대한 이자가 정당할 수 없는 것처럼, 기업가 이윤도 정당할 수 없다. 이 둘은 모두 자본의 노동 착취라는 근본 현실을 감추려는 계급[자본가 계급]의 사상적 구조물이다.

이제 이윤의 또 다른 형태, 즉 토지에 대한 지대를 이야기하는 일이 남았다. 이것은 주로 역사적인 이유에서 논의된다. 선진 자본주의 사회에서는 산업 노동자가 증가하면서 농업 노동자(이들 중 상당수는 시간제였다) 수가 줄어들었고, 그에 따라 농업 토지 소유 문제가 덜 중요해졌기 때문이다.

먼저, 토지 경작은 사회에 유용한 물질을 생산하고 만약 자본주의 생산양식 안에서 이뤄지고 노동력이 임금으로 구매된다면 가치와 따라서 잉여가치도 창조한다는 사실을 기억해야 한다. 토지 자체는 하나의 생산요소이지만, 공기나 물과 마찬가지로 고유한 가치는 지니고 있지 않다. 그래서 모든 이용 가능한 토지가 자본주의적으로 이용될 때 비로소 자본이 될 수 있다. 역사상 그때부터 임대 토지는 산업 자본가에게 대출된 화폐가 이자를 발생시키는 것과 대략 비슷한 방식으로 지대를 발생시켰다. 그러므로 토지에 대한 지대는 이윤의 특별한 형태다.

6장
잉여가치의 재분배

앞에서 우리는 프랑스에서 8시간 노동 가운데 5시간 정도가 잉여가치를 생산하는 데 쓰인다고 한 바 있다. 이것은 분명 엄청난 양임이 틀림없다. 만약 산업 자본가들이 잉여가치를 전부 독차지할 수 있다면, 그들의 이윤은 지금 그들이 실제로 얻고 있는 것과는 아주 다를 것이다.

실제로는 산업 자본가들은 부득이 이 잉여가치를 다른 사람들과 나눠 가지지 않을 수 없는데, 그 중에서 국가와 상업자본이 가장 큰 몫을 차지한다.

우리는 이미 왜 산업 자본가들이 자기 생산물을 분배하기 위해 상업자본에 의존하는지, 그리고 이것이 왜 그들에게 이익이 되는지를 살펴본 바 있다. 물론 그들은 이 서비스에 대가를 지불해야 하는데, 마치 건물주가 건물을 팔아 주는 부동산 중개인에게 수수

료로 가격의 일부를 양보하는 것과 똑같은 방식으로 잉여가치의 일부를 넘겨줌으로써 지불한다. 물론 문제는 부동산의 경우보다 복잡하다.

사실, 산업 자본가들은 흔히 자기 생산물의 유통을 일반 중개인들에게 맡겨 버린다. 중개인들은 이번에는 생산물을 도매상에 파는데, 도매상은 다시 소매상에 넘긴다. 이 과정은 어떤 때는 직접 이뤄지기도 하고 어떤 때는 더 전문적인 도매상을 거치기도 한다. 소매 단계에 이르면 상품이 가치대로 팔리게 되지만, 이미 각 단계마다 가치 중의 일부가 해당 관련자에게 조금씩 분배돼 왔다. 여기서 상품의 가치가 c+v+s로 표시된다는 것을 되새겨 임의로, 상품으로 이전된 불변자본 부분(c)을 2, 가변자본(v), 즉 임금을 3, 잉여가치(s)를 5라고 가정해 보자. 이 임의의 예에서 상품의 가치는 $2c+3v+5s=10$이 될 것이다. 최종 소매 단계에서 이 상품은 이 가치(10)대로 팔리게 될 것이다. 만약 산업 자본가가 공장에서 바로 나오는 상품을 8에 판다면, 분배 과정에서 여러 단계에 걸쳐 있는 상업 중개인들은 2를 할당받는 것이 된다. 그러므로 2는 산업 자본가가 전체 상업자본에 양도해 줘야 하는 잉여가치(5)의 일부다. 상업 부문은 잉여가치 중에서 자기 몫을 취하지만, 어떠한 잉여가치도 창조하지는 않는다.

오늘날에는 연쇄점과 대규모 소매점, 전문적 통신 판매 등이 성장하면서 분배 과정의 여러 단계가 줄어드는 경향이 있는데, 이 모든 것들은 상업자본에게 분배되는 잉여가치 몫을 줄일 수 있다. 반면, 상업자본은 시장 분석, 광고회사 등으로 그 범위를 넓혀 거대하게 성장했다. 만약 상업자본의 모든 요구가 충족된다면, 틀림없이 상업 부문은 산업 자본가가 양도하지 않을 수 없는 잉여가치 몫을 가장 탐욕스럽게 요구하는 부분이 될 것이다.

그러나 공공부문, 즉 국가도 역시 탐욕스럽다. 국가는 국민소득의 5분의 1에서 4분의 1을 세금으로 거둬들이고, 그리하여 상당액의 재원을 모아들인다. 재정 수입의 10퍼센트 미만이 기업이윤에 대한 세금에서 나오는 것이다. 그러므로 국민적 총잉여가치에 대한 직접세는 별로 많지 않다. 그러나 재정 수입의 4분의 3 가량은 근로소득세, 그리고 판매세 · 주세 · 담배세 등의 간접세에서 나온다.

얼핏 보기에는 그러한 재정 수입이 관련자들의 소득, 즉 노동자들의 임금과 봉급에서 나오는 듯이 보인다. 우리가 앞에서 봤듯이 임금은 노동력의 가치와 같다. 즉, 임금은 이 노동력을 유지하고 재생산할 수 있도록 해 주는 재화의 가치와 같은 것이다. 혹자는 국가의 어떤 서비스 — 보건이나 교육 — 는 노동자 일반의 노동력을 유지하고 훈련하는 데 기여한다고 생각하고 이러한 서비스를 제공하는 데 필요한 부분의 세금은 노동력의 가치에 부과되는 것이라고 결론 내릴 수도 있을 것이다.

그러나 군대라든지 법원, 경찰, 기타 정부행정의 여러 측면이 노동력의 유지와 재생을 위한 국가기구라고 생각하는 사람은 아무도 없을 것이다. 그것들이 하는 일은 물론이거니와 그에 필요한 비용도 사실상 노동력의 가치나 임금과는 아무런 상관이 없는데도 임금에 부과되고 있는 듯하다. 그러므로 임금이나 봉급은 두 부분으로 나뉜다고 할 수 있다. 한 부분은 우리가 과학적으로 정의한 대로의 본래 임금이고, 다른 한 부분은 자본가들이 차지하려는 잉여가치의 일부로, 이것은 조세로서 국가에 이전되기 위해 진짜 임금에 붙여지는 것이다. 그리하여 생산적 노동자와 비생산적 노동자들은 모두 상당량의 잉여가치가 기업에서 나와서 자신들의 봉급을 통해 국가로 이전되는 것을 보게 된다. 이렇게 국가로 이전되는 잉여가치는 앞에서 언급한 유통 비용과 같은 근거를 가지는 것이며, 따라서 그것들 역시 궁극으로는 잉여가치에서 나올 수밖에 없다. 마치 상업 부문으로 이전되는 부분의 잉여가치가 총잉여가치를 증대하기 위한 수단인 것처럼, 자본주의 국가로 이전되는 부분은 잉여가치를 차지하고 그 일부를 국가에 양보한 계급(자본가)에게 이익이 되도록 국가의 여러 업무를 처리할 수 있는 수단이 된다.

그 밖에 다른 쪽으로 이전되는 잉여가치도 있다. 우리는 산업 자본가들이 자기들에게 돈을 빌려 준 은행이나 예금자에게 이자를 지급할 때 그것은 단지 그 돈 덕택에 창출이 쉬워진 새 잉여가치의 일부를 이전시키는 것일 뿐임을 기억해야 한다. 경제 생활이 갈수록 복잡해지는 오늘날에는 모든 종류의 기업이 급증한다. 즉, 자본은 건물 설비품, 재활용, 조직, 관리, 연구조사 등의 모든 서비스를 사용하고, 잉여가치의 일부로 이를 보상한다.

그리고 또, 흔히 잊기 쉬운 것인데, 잉여가치의 일부를 나눠 가지면서 그 사회적 영향력 때문에 흥미 있는 사례가 되는 사람들이 있다. 모든 기업에는 다양한 급여와 수입을 얻는 상당수 경영자와 고위 임직원이 있는데, 이들은 생활수준이 비교적 안락하고 유복하다.

하나의 공장 또는 여러 공장의 노동자들이 요구조건을 제시하거나 파업을 할 때, 그들이 직접 대면하는 것은 소유주나 최고경영자가 아니라, 특별히 그런 일을 위해 위임된 고위 임직원 중의 하나다. 노동자들은 곧 그런 사람이 거의 언제나 바리케이드의 반대쪽에 서며 자본의 대변인이나 대표자 노릇을 한다는 것을 깨닫게 된다. 이런 사람들이 높은 보상을 받고서 하는 일은, 일부는 기업의 생산에 효과적으로 기여하는 것이지만, 다른 일부는 기업주의 권위를 대표하고 집행하며 억압과 탄압을 대행하는 대리인의 업무다. 후자에 대한 보상 부분은 어떤 의미에서도 임금으로 볼 수 없고, 잉여가치의 할당이라고 해야 한다.

이런 분석이 고위 임직원에게만 적용되는 것은 아닐 것이다. 1972년 프랑스 르노 공장에서 일어난 노동자 살해 사건은 많은 기업들이 전직 군인이나 경찰 요원들을 고용해, 생산에는 참여시키지 않고 감독이나 스파이 업무 또는 이런저런 방식으로 탄압하는 일을 시키고 있다는 사실에 관심을 집중시켰다. 그와 같은 기업 경찰이 받는 보수는 잉여가치의 할당이라고 설명할 수밖에 없다. 지금까지의 예비적 검토들은 우리가 나중에 사회계급을 분석할 때 도움이 될 것이다.

요약하면, 산업자본은 처음에는 모든 잉여가치를 독차지하지만, 곧 여러 사람들과 중개인들에게 그 일부를 넘겨야 하므로, 단지 나머지 일부만을 차지할 수 있게 된다. 상업자본, 금융자본, 자본주의 국가, 개인 예금자들 — 이들 모두는 총잉여가치의 확대에 기여한다 — 이 전리품 분배에 참여한다. 그러므로 그들은 모두 총잉여가치를 증대시키는 데 이해관계를 갖는데, 이러한 총잉여가치 증대는 오직 노동자 계급에 대한 착취를 증대시킴으로써만 이뤄질 수 있다. 그러나, 일단 극대의 총잉여가치가 발생하면 모두 그 빵의 더 큰 조각을 주워 먹기 위해 다툰다. 예를 들면, 산업자본과 금융자본과 상업자본 사이에 경쟁이 일어나고, 따라서 자본가 계급 내에서 다툼이 일어난다. 그와 같은 부문간 모순은 이윤율의 균등화 경향을 통해 완화될 수 있으며, 자본가 계급 전체와 노동자 계급 전체 사이의 근본 모순에 비해 부차적인 것일 뿐이다. 그래서 모든 자본가들은 착취 증대에 필연적 이해관계가 있다. 그리고 거기에 반대하는 것은 모든 노동자들에게 이익이 된다.

일반으로 말해, 기업에 고용되는 노동자 수는 고정돼 있거나 아주 완만하게 증가하는 경향이 있다. 어떤 부문에서는 자동화로 그 수가 줄어들기도 한다. 임금은 이례적으로 강력한 투쟁이 없는 한 결코 급격한 속도로 오르지 않는다. 반면, 기계와 기타 산업 자재는 과학과 기술 발전에 따라 점차 많아지고, 효율이 높아지며, 비싸진다. 그리하여 산업 세계는 기업의 설비와 자재의 가치가 끊임없이, 빠르게 증가하는 것이 특징이다. 반면, 일반적인 임금 수준은 아주 작은 증가에 그친다.

우리가 앞에서 도출한 이윤율 공식 $\frac{s}{c+v}$를 다시 생각해 보자. 여기서 's'는 잉여가치, 'c'는 불변자본, 'v'는 가변자본이었다. 우리가 발견한 경향에 따르면, 공식 중에서 'c'는 'v'보다 훨씬 빨리 증가하는 경향이 있는데, 이것은 우리가 자본의 유기적 구성 증가라고 묘사한 추세다.

예를 들어, 어떤 기업에서 1930년에 c = 200, v = 50이었다고 가정해 보자. 논의의 편의상 화폐 가치는 안정돼 있다고 가정한다. 그렇다면 1970년에는 'c'가 850으로 상승(4배 이상)하고 'v'는 50에서 150으로 증가(3배)했다고 가정하더라도 과장은 아닐 것이다. 그러면 's'는 어떻게 될까? 알다시피 잉여가치는 노동력의 가치, 즉 'v'와 직접 관계 있는 것인데, 우리가 1970년에는 1930년과 마찬가지로 잉여가치가 'v'의 두 배라고 가정한다면 공평하다. 이 가정들을 모아 보면,

$$1930년의\ 이윤율 = \frac{100s}{200c+50v} = 40\%$$

$$1970년의\ 이윤율 = \frac{300s}{850c+150v} = 30\%$$

가 된다.

잉여가치율이 변하지 않는다면, 가변자본에 비한 불변자본의 현저한 증가는 이윤율의 상당한 감소를 초래한다. 과학과 기술의 부단한 진보에 따라 경제 전반에 자본의 유기적 구성이 증가하는 일반적 현상이 나타난다. 그러므로 **평균 이윤율이 저하하는 경향은 자본주의 경제의 근본 특징**이다.

그런데 왜 이 법칙을 '경향'이라고 정의했을까? 그것은 모든 경제 법칙과 마찬가지로 이 법칙이 모순적 요소들에서 비롯하기 때문이다.

대립물 사이의 투쟁은 보편적이다. 그러므로 이 경향의 근본 현상에도 그 경향을 상쇄하는 다른 현상들이 대항한다. 이 반작용은 시기와 상황에 따라 효과적일 수도, 그렇지 않을 수도 있다. 따라서 이윤율 저하는 과학·기술 혁신의 압력이 변함에 따라, 그리고 그 상쇄 압력이 강하고 약함에 따라, 혹은 뚜렷하게 혹은 흐릿하게 나타나는 일반적 경향이다.

그 반작용은 무엇이며, 대항하는 요인들은 무엇일까? 위의 예에서 우리는 잉여가치율이 불변이라고 가정했다. 이것은 실제로는 별로 가능성이 높지 않다. 만약 1930년과 1970년 사이에 잉여가치율이 불변이 아니라 2v에서 2.5v로 증가했다고 하면, 우리는 다음과 같은 이윤율 등식을 얻게 될 것이다.

$$\frac{370s}{850c+150v}=37.5\%$$

잉여가치율 상승이 자본의 유기적 구성 증가에 따른 이윤율 저하를 대부분 상쇄했다. 그러므로 이윤율 저하에 대항해 자본가들이 사용하는 고전적 방어 수단은 여러 가지 형태로 노동 착취를 강화해 잉여가치율을 증대하는 것이다.

저발전 국가들과의 교역도 같은 방향으로 작용하는 또 하나의 요인이다. 공업화한 세계의 기업들은 그러한 교역을 통해 석유, 광물 등의 원자재를 싼값에 구할 수가 있고, 그럼으로써 그것들을 구입하는 데 필요한 부분의 불변자본을 줄일 수 있다. 게다가 소비재의 어떤 품목을 수입함으로써 노동력의 가치가 줄어드는 경향이 있는데, 그것은 만약 커피 · 코코아 · 바나나 · 오렌지 · 땅콩 등을 생산비가 더 많이 드는 선진국에서 생산한다면 임금이 증가할 것이 틀림없기 때문이다. 마지막으로, 후진국에서는 선진국의 공업 생산물들이 대개 비싼 가격에 팔려 극도 이윤을 가져다준다. 그러나 이러한 반대 요인들이 이윤율 저하 경향에 미치는 영향은 제한돼 있다.

오늘날 여러 경제학자들은 당연히 마르크스는 설명할 수 없었던 현대 자본주의의 어떤 사태 전개에 관심을 가진다. 즉, 한편으로는 국가의 경제 개입, 다른 한편으로는 보통 '제3부문'이라고 얘기하는 비생산적 부문들의 팽창이 그것이다. 후자는 비생산적인 것이므로 자본가가 아닌 사람의 눈으로 본다면 쓸모없는 것으로 여기겠지만, 사실은 그것들이 자본가의 이윤율을 높이고 있다. 우리는 여기서 이 어렵고 복잡한 문제를 논의하지는 않겠지만, 오늘날의 국가가 이윤율 저하 경향을 완화하기 위해 여러 가지로 강력하게 규제하고 있다는 것은 짚고 넘어가야겠다. 산업 구조조정과 독점적 집중을 추진하는 국가의 압력, 이윤이 매우 적거나 전혀 없는 부문(운송 · 통신 등)의 국유화, 그리고 해당 산업에 아주 유리한 조건으로 국가의 군수 · 민수 주문을 확대하는 것 등이 그것이다. 상업 부문은 제3부문 전체의 기초인데, 앞에서 본 대로 자본의 순환을 가속함으로써 산업자본이 일정 기간에 더 많은 잉여가치를 생산할 수 있게 해 주며, 그럼으로써 이윤율 저하 경향을 막는 주된 기능을 한다.

마지막으로 우리가 잊어서는 안 될 것은, 저하 경향이 있는 이윤율은 **일반적**, 즉 평균 이윤율, 다시 말해 경제 전체의 이윤율이라는 점이다. 산업 나름의 특성이나 특히 산업의 규모에 따라 그 평균적 비율을 중심으로 커다란 편차가 생길 수도 있다. 대기업과 특히 독점기업들은 중소기업들이 사용할 수 있는 것보다 더 효율적이고 더 다양한 방법으로 이윤율 저하 경향에 저항할 수 있다. 이것은 경험을 통해서도 알 수 있고 통계로도 증명할 수 있다.

대기업이 중소기업보다 자본 축적 능력이 훨씬 더 크다는 것은 당연하다. 이 격차 덕분에 독점기업에게는, 자기 스스로 생존할 수는 없지만 합병을 통해 존속할 수 있는 중소기업들을 인수하거나 지배할 기회가 확대된다. 이윤율 저하 경향 법칙이 서로 다르게 작용함으로써 결국 자본의 축적과 집중이 더 쉬워지게 된다. 독점기업들은 이 경향 때문에 오히려 유리해진다. 그래서 우리는 독점기업에 관해서 그 이윤율만을 생각할 것이 아니라 이윤율 계산의 근거인 자본의 양도 고려해, 자본 양의 증가가 이윤율의 감소를 보충하거나 심지어 초과할 수도 있다는 것을 알아야 한다. 예를 들어, 1970년에 1백억 달러에 대해 15퍼센트의 이윤율로 15억 달러를 벌어들인 독점기업이 있다고 가정해 보자. 만약 1974년에는 그 이윤율이 12퍼센트로 떨어졌지만 자본은 2백억 달러로 늘어났다고 하면, 그 독점기업은 1970년의 이윤보다 훨씬 더 큰 양인 24억 달러의 이윤을 실현하게 됐을 것이다.

이윤율 저하 경향 법칙은 독점자본이라는 조건하에서 모순적 효과를 가지고 있다. 그것은 일반적 이윤율이 저하하더라도 자본의 집중을 촉진함으로써 독점기업이 더 많은 양의 이윤을 실현할 수 있게 해 준다.

7장
화폐 가치의 오르내림

여기서 다시 한 번 잠깐 뒤로 돌아가 보자. 우리는 앞에서 모든 상품의 가치는 그것이 다른 것과 교환될 때만 드러난다고 말한 바 있다. 교환의 가장 원시적 형태인 물물교환은 이미 사라진 지 오래다. 우리 선조들은 수많은 상품 교환에 직면했을 때, 그 많은 상품의 가치를 쉽게 측정하는 방법을 어떤 특별한 상품, 즉 '일반적 등가물'인 **화폐**에서 발견했다. 그때부터 어떤 상품의 가치는 그것이 교환될 수 있는 일반적 등가물의 단위 수로 표시됐다. 하나의 예로서 그 일반적 등가물을 금이라 하고 신발 한 켤레가 금 10그레인과 교환될 수 있다고 해 보자. 그러면 그 신발의 **가격**은 화폐 10단위가 된다. 가격이란 단순히 **가치의 화폐적 표현**이다.

화폐의 주된 기능은 **가치의 일반적 척도**, 다시 말해서 **가격의 표준**이다. 이 밖에도 화폐는 다른 기능들을 가지고 있는데, 그 중 가장 중요한 것은 유통을 더 쉽게 해 주는 기능이다. 갑이 을에게서 외투를 한 벌 사면서 화폐를 사용한다. 을은 병에게서 라디오를 사는 데 갑에게서 받은 현금을 사용하고, 병은 정으로부터 과일 통조림 한 상자를 산다. 몇 개월이나 몇 년 뒤에 그 외투와 라디오와 과일 통조림은 소모돼 없어질 것이다. 처음에 유통에 개입된 화폐량이 교환을 더 쉽게 해 줬고 그럼으로써 이런저런 상품들의 소비를 촉진했지만, 화폐 자체는 소비되지 않았다. 화폐 상품은 다른 상품들을 손에서 손으로 이동시키는 구실을 하고 그럼으로써 그것들의 교환을 더 쉽게 해 준다.

그러나 화폐는 때때로 순환을 멈추기도 한다. 수전노처럼 돈을 모으는 것 자체가 즐거워 돈을 모으는 사람도 있지만, 대개는 갑과 같은 사람들이어서 좋은 외투를 한 벌 사고 싶지만 한 달 봉급으로는 살 수가 없어서 돈을 모으는 것이다. 그러므로 그들은 원하는 물건의 값만큼 모일 때까지 매달 일정액씩을 떼어 남겨 둔다. 어떤 사람이든지, 어떠한 물건을 사려 하든지 다들 이렇게 한다. 심지어 자본가들도 이윤의 일부를 떼어 예비 계좌나 할부상환 기금이나 장래의 투자를 위해 모아 둔다. 그러므로 화폐는 가치 저장의 수단이기도 하다. 유통과 저장은 화폐가 가진 두 가지 모순되는 기능인데, 그 둘은 서로 변증법적으로 연관돼 있다. 왜냐하면 특정 시기에 많은 양의 화폐가 유통에 투입돼 더 큰 가치를 교환할 수 있는 것은 저장 또는 저축이 있기 때문이다.

신용이 이 모든 것을 피할 수 있다고 말한다면 아마 반박을 받을 것이다. 그것은 착각이다. 왜냐하면 만약 갑이 외투를 즉시 살 수 있도록 신용을 사용한다면 그 신용은 다른 사람들이 모아 둔 돈일 것이기 때문이다. **신용**은 모든 종류의 예금자들이 모아 둔 돈을 자본주의 생산양식에 이바지하도록 가동할 수 있는 하나의 제도 또는 일련의 과정이다. 그 돈이 특정 목적을 위해 모인 것이든 별다른 목적 없이 모인 것이든 그것은 문제가 되지 않는다.

예를 들어, 오늘날 모든 대형 은행들은 고객들에게 정기예금 계좌를 개설해 준다. 내가 많은 양의 돈을 약정 기간(보통 1년에서 3년) 예금하면, 그 기간이 끝날 때 은행은 단기 예금으로 얻을 수 있는 것보다 고율의 이자를 원금과 함께 나에게 돌려준다. 왜 은행은 이렇게 특별한 이자를 줄 만큼 친절할까? 은행은 자기네에게 이익이 될 때만 친절한 법이다. 은행은 내가 약정 시기까지는 예금을 인출하지 않으리라는 것을 알기 때문에, 그 기간에 그 돈을 내게 지급하는 것보다 더 높은 금리로 단기 융자해 줄 수 있는 것이다. 그러므로 이 신용들은 나의 저축이나 저장에 기초하고 있는 셈이다.

신용은 목적에 따라 분류하면 크게 세 가지 형태가 있다.

첫째 형태는 **유통 신용**인데, 보통 단기(短期)다. 예를 들면 도매 상인이 선금을 주고 창고에 쌓여 있는 상품을 사는 경우가 그렇다. 어떤 제강 공장이 야금 공장의 주문을 받아 다량의 강철을 판매했는데, 3개월 후에 지급받는 조건의 90일 만기 어음을 받았다고 하자. 다행히 그 거래 은행은 이 어음을 할인해 준다. 즉, 그 은행은 할인료를 공제한 나머지 금액을 한꺼번에 지급해 주고 나서, 어음 지급일이 되면 그 어음을 돈으로 지급받아 갈 것이다. 유통 신용은 반드시 앞으로의 지급을 예상하고 이뤄지는 것으로, 자본의 순환을 가속하는데, 이것은 우리가 아는 대로 잉여가치가 증가하는 요인이 된다. 그것은 흔히 위의 예에서처럼 상업 어음의 할인을 통해 이뤄진다. 또한 유통 신용은 당좌예금의 차월(초과 인출)을 확대함으로써도 이뤄지는데, 이런 은행계좌는 잔고 이상으로 예금을 인출할 수 있고 그 초과 인출은 은행에 대한 부채가 돼 이자를 물어야 한다.

신용의 둘째 형태인 **기업 신용** 또는 **투자 신용**은 보통 장기(長期)며 거액인데, 이것은 기업들로 하여금 자기 자본이 허용하는 범위보다 더 넓고 더 빠르게 팽창할 수 있도록 해 준다. 최근의 예로는 프랑스의 두 주철공장이 합병해 프랑스 최대의 주철공장이 된 경우를 들 수 있다. 합병된 기업의 총비용은 70억 프랑으로 추산됐지만 두 공장은 실제로는 10억 프랑의 가치밖에 안 됐다. 엄청난 불균형을 메우기 위해 은행(41억 프랑)과 국가(26억 5천만 프랑)가 자금을 지원했다. 기본적으로 이런 종류의 신용은 총잉여가치를 늘릴 수 있는 생산자본 축적을 기대하는 것이다. 은행들은 대부분 대출 기업의 경영 상태를 감시할 수 있어야 한다고 주장하거나, 자기네가 상당수의 주식을 소유해야 한다고 고집한다. 이러한 관행이 19세기에 **투자은행**들이 성장한 주된 요인이었다. 이 금융 권력자들은 다양한 기업에 투자하고 그럼으로써 많은 기업의 지배권을 얻어 내는 전문가들이다.

셋째 형태인 **소비자 신용**에 대해서는 누구나 다 알고 있을 것이다. 이것은 최근 몇 년 동안 엄청난 비율로 팽창했다. 우리가 흔히 말하는 '충동 구매'는 잠재적 수요와 먼 훗날의 수요를 갑자기 오늘 내일 사이에 실현하도록 만듦으로써 내구 소비재 생산의 실제 호황을 창조해 낸다. 그러한 신용 역시 예상 수요를 만들어 내고, 자본 순환에 필요한 시간을 단축한다.

요약하자면, 모든 형태의 신용은 다 자본을 위해 봉사하는 도구다. 그것은 크든 작든 간에 비축된 모든 유동성 화폐를 끌어내 공적·사적 금융기관(시중 은행, 저축 은행, 예금계좌 등)의 금고 안에 모아들임으로써 그것을 자본주의 생산양식에 이익이 되도록 특별한 규모의 화폐자본으로 만든다. 유통 신용과 투자 신용과 소비자 신용은 모두 자본의 순환과 자본주의의 경제적 작용을 가속하는 작용을 하며, 그럼으로써 잉여가치의 양을 증가시킨다. 그러므로 신용은 이윤율 저하 경향을 완화하는 작용을 하는 요인의 하나로 봐야 하며, 앞장에서 간략히 설명한 다른 요인들에 덧붙여야 한다.

다시 화폐로 돌아가자. 우리는 앞에서 귀금속인 금·은이 일찍부터 상품 화폐가 됐음을 살펴봤다. 그것의 사용을 편리하게 하기 위해 국가는 금 · 은을 일정한 화폐 단위의 가치가 있는 주화로 주조할 권리를 스스로 부여했다. 이 주화는 일정한 가치를 가지게 됐고 쉽게 유통됐다. 원격지 정복과 신대륙 발견에 따라 많은 금 · 은을 가지게 된 사람들이 안전을 위해 그 금 · 은을 은행에 예치하기 시작했다. 은행은 이것과 바꿔 그들에게 그 예치를 인정하는 종이인 '지폐'(은행권)를 내줬다. 편의상 은행은 예컨대 화폐 5,380 단위에 달하는 금의 총예치량에 대해 한 장의 지폐를 발행하지 않고 500의 가치가 있는 지폐 열 장과 100짜리 석 장, 50짜리 한 장, 10짜리 석 장을 내줬을 것이다. 그럼으로써 지폐가 이 사람에서 저 사람에게 옮겨지는 것이 쉬워졌고, 100단위 지폐라는 것은 은행이 언제든지 100단위의 금과 바꿔 준다는 것을 뜻했다.

나중에는 화폐를 발행할 자격을 얻은 은행들이 자신들의 금 보유량에 맞춰 주화뿐 아니라 지폐까지도 발행하는 관습이 점차 굳어졌다. 이런 지폐들은 **신용 화폐**(금을 준비하지 않고 보증 발행한 은행권)가 됐는데, 그것은 언제든지 지폐를 귀금속으로 바꿔 줄 수 있음을 보장하는 발행 기관의 신용도에 그 지폐들의 유효성이 달려 있었기 때문이다. 그러나 우리가 잘 알다시피, 사람들은 돈을 다루는 사람을 지나치게 믿는다. 사실, 화폐를 발행하는 국영 은행들은 지폐를 금화로 바꾸려는 사람들이 점차 줄어들고 있다는 것을 깨달았다. 게다가 교역의 총량이 상당히 늘어나서(그리고 화폐는 그 힘을 많이 상실했다), 한 나라의 금 보유량으로는 불충분하게 됐다. 그리하여 국영 은행들은 금화 주조를 중지하고, 창고에 있는 금의 가치보다 훨씬 많은 지폐를 찍어내기 시작했다. 그 다음에 그들은 모두 지폐를 금으로 바꿔 주던 것을 그냥 그만뒀다. 화폐는 이제 더는 하나의 상품이 아니게 됐고, 본래의 가치가 없는 단순한 상징이나 표지가 됐다.

화폐 자체가 이와 같이 변화하는 동안 다른 화폐 형태들이 나타나 번성했다. 이들 중 어떤 것은 신용 체제에서 나온 것이었다고 앞에서 언급했다. 그리하여, 일정액의 돈을 일정 시기에 지급한다고 약속하는 대변 전표나 어음이 이 사람에서 저 사람에게 여러 차례 배서(背書) 양도될 수 있었고, 그럼으로써 지폐처럼 유통됐다.

무엇보다도 수표가 널리 사용돼 화폐를 대신할 수 있게 됐다. 나는 물건을 하나 사고 가게 주인에게 100단위짜리 수표를 끊어준다. 그러면 그 가게 주인은 내 거래 은행에 가서 그 100단위를 현금으로 바꿔 가려고 하지는 않을 것이다. 왜냐하면 그는 그 자신의 은행계좌를 가지고 있고, 거기에다 자신의 수표를 예금할 수 있기 때문이다. 두 은행은 간단히 자기네 상호간의 계정에다 거래 내용을 기입함으로써 그 문제를 해결한다. 거기에는 틀림없이 화폐의 정산이 있었지만, 지폐가 매개되지는 않았다. 수표, 어음, 신용증서, 당좌 차월(초과 인출), 그리고 계좌 배서(背書)를 통한 정산 등은 모두 현금이 아닌 다른 화폐 형태들이다.

오늘날에는 한 나라 안의 유통에서 전체 지급 수단은, 일부는 중앙은행이 발행하는 은행권이고, 나머지 일부는 우리가 지금까지 언급한 다른 모든 형태의 화폐로 이뤄져 있다. 후자에 속하는 것으로는 이 밖에도 여러 가지 화폐가 있다. 어쨌든, 다양한 형태의 화폐의 평균 유통 비율을 고려해 보면, 모든 종류의 지급 수단의 총량은 시장에 나와 있는 모든 상품의 (가치대로) 교환을 가능하게 하는 사회적 기능을 가지고 있다. 만약 이 화폐(또는 화폐 형태)가 평균 1년에 다섯 차례 주인이 바뀐다면, 그것은 화폐의 양이 1년 동안 교환되는 재화 총가치의 약 5분의 1에 달한다는 뜻이 된다. 유통되고 있는 화폐(또는 화폐 형태들)의 총량이 불충분한 일이 생길 수도 있다. 그런 경우 더 많은 화폐를 만들어 내기는 매우 쉬운 일이다. 그래서 지속적인 화폐 과잉 상태가 흔히 일어나는데, 이런 상황을 **인플레**라고 부른다.

이런 상황에 대한 직접적 책임은 대개 국가에 있다. 국가는 은행권 발행을 관리하는데, 필요한 지출을 위한 재원이 부족할 때 국가는 화폐를 더 빨리 유통시키려는 유혹을 받는다. 이렇게 되면, 교환될 수 있는 상품의 양은 증가하지 않고 화폐량만 증가하는 현상이 발생한다. 생산되는 상품의 전체 가치는 변화가 없지만, 그것은 늘어난 화폐량에 따른 가격으로 표시될 것이다. 여기에서 전반적인 물가 상승, 은행권의 구매력 하락 또는 심지어 사실상의 통화가치 하락 현상이 일어난다.

은행권의 남발 때문에 일어난 화폐 가치 하락은 물가 상승을 일으킨다. 그러나 최근에는 오히려 그 반대 현상이 훨씬 더 빈번히 일어났다. 즉, [독점기업들의] 물가 인상이 화폐량 증가와 그 가치 하락을 유발해 왔다. 바로 이것이 자본주의 생산양식과 동반하는 경향이 있는 인플레의 근본 원인이라고 볼 수 있다.

자본주의 생산양식의 옹호자들은 물가 상승의 원인을 생산성보다 임금이 더 빨리 증가하는 탓으로 돌린다. 우리가 한 상품의 가치를 공식 m=c+v+s로 표시했던 것을 되새겨 보자. 만약 모든 생산 조건이 변하지 않았다면, 임금 상승이 'v'를 증가시킬 것이고 그에 따라 'm'도 증가할 것이며, 이것이 가치의 화폐적 표현인 가격에까지 영향을 미치리라는 것은 분명하다. 이런 주장은 잉여가치(s)가 불변의 신성한 것임을 가정한다. 만약 이 가정을 거부한다면 얘기가 달라진다. 즉, 잉여가치가 상응해 하락한다면 임금은 가격을 상승시키지 않고도 생산성보다 훨씬 더 빨리 증가할 수 있다. 이 추론이 아무리 단순할지라도 그것은 논리적으로 옳고, 또 기본적인 진리를 강조하는 데만 기여할 뿐이다. 즉, 일반으로 인플레 또는 물가 상승은 실제로는 기술적인 문제가 아니라 근본적인 계급투쟁의 한 표현이다. 노동자들의 노력으로 그들의 구매력이 다소 상승했을 때, 만약 다른 조건들이 변하지 않았다면, 자본가들이 상품의 가격을 올려 인플레를 유발하지 않는 한 잉여가치율은 증가는커녕 유지조차 불가능하다. 오히려 보통 먼저 시작하는 것은 그들 쪽이다. 그래서 물가는 경제적 정당성이 없이 상승하고, 반면 임금이 생산성보다 더 빨리 증가하는 것은 허용되지 않는다. 이 모든 것이 오직 잉여가치 증대라는 목적을 위한 것이다.

이것은 독점자본주의가 안고 있는 기본 문제들 중의 하나이고, 더 논의해 볼 필요가 있는 것이다. 그러나 이것은 좀 더 전문적인 연구에서 다뤄야 할 것이다.

8장
자본의 무제한적 축적과 경제 위기

우리는 앞에서 자본의 순환 과정을 다음과 같이 설명했다. 자본가의 최초 화폐자본은 먼저 생산자본으로 전화하고, 생산자본은 생산이 끝나는 국면에서 상품자본을 낳는다. 마지막으로, 이 상품자본이 교환을 통해 화폐자본을 재생산함으로써 자본의 순환은 다시 시작한다.

그러므로 상품 생산 과정은 **자본의 재생산 과정**이기도 하다. 그러나 자본 순환의 마지막에 출현하는 화폐량은 처음에 투입한 화폐량보다 많다. 잉여가치, 즉 프롤레타리아의 잉여노동을 통해 만들어지고 자본가가 차지하는 가치가 화폐량을 증대시키는 것이다.

이런 사실에 기초해 두 가지 가정을 할 수 있다. (1) 자본가가 잉여가치를 전부 소비하는 경우다. 그 결과 잉여가치는 소득으로 바뀌어 개인과 가족의 소비에 탕진된다. 이 경우 생산에 재투입하는 자본은 자본 순환이 시작될 때 투입했던 그대로다. 자본은 단순히 똑같은 가치만큼만 재생산됐고, 생산은 정확히 전과 똑같은 규모로만 계속될 수 있다. 이것을 **단순 재생산**이라 부른다.

(2) 자본가가 잉여가치의 일부만을 수입으로 소비하고, 나머지는 생산자본을 늘리는 데 쏟아 붓는 경우 생산은 더 커다란 규모로 계속될 수 있다. 이것을 **확대 재생산**이라 부른다.

자본가들 사이의 경쟁이 단순 재생산보다 확대 재생산을 택하게 만든다는 것은 분명하다. 왜냐하면 확대 재생산을 통해서만 자본주의 발전이 가능하기 때문이다. 그 때문에 확대 재생산은 일반 법칙이며, 이것이 **자본 축적**이라는 현상을 낳는다.

마르크스는 기업 내의 확대 재생산 활동이 빚어내는 자본 축적을 두고 자본의 **집적**이라는 더 정확한 용어를 사용했다. 자본의 집적은 기업마다 차이를 보인다. 어떤 기업은 다른 기업보다 빨리 발전해 자본을 집적한다. 그 결과 자신들의 우세를 가속하고 굳히기 위해 약한 기업들을 사들이거나 지배하기 십상이다. 이런 활동 때문에 큰 기업이 작은 기업을 흡수하고, 강한 자본이 확장을 위해 약한 자본을 집어삼키는 경향이 생겨난다. 마르크스는 갈수록 더 소수의 수중에 자본이 집중되는 이런 경향을 두고 자본의 **집중**이라고 불렀다. 오늘날 집중이라는 용어는 자본의 이 두 가지 활동을 다 표현하는 용어로 사용되는 경향이 있다. 가뜩이나 이 둘은 변증법적으로 연관돼 있기 때문이다. 다시 말해, 집적은 집중을 낳고,

큰 기업이 작은 기업보다 이윤율이 더 높기 때문에 집중은 다시 내적 축적을 용이하게 한다.

기업의 합병과 자본의 집중으로 향하는 경향이 대기업이 소기업을 사들이거나 지배하는 것을 통해서만 진행되는 것은 아니다. 비슷한 규모의 두 기업이 경쟁에 더 잘 대처하기 위해 협정을 맺고 합병할 수도 있다. 이런 경우 어느 쪽도 다른 쪽을 지배하거나 흡수한다고 할 수 없다. 그러나 흔히 대기업은 소기업을 아예 사들이기보다 그냥 법적 독립체로 계속 놔두면서 '지배력 행사'에 만족한다. 한 기업을 지배하기 위해서는 반드시 기업의 확고부동한 주인이 돼, 독점 그룹 전체의 확장 전략에서 일익을 담당하는 데 필요한 만큼의 자본을 손에 넣어야 한다. 그러한 지배를 위해 필요한 자본의 비율은 경우에 따라 크게 다르다.

그런데, 이 시점에서 강조해야 하는 것은 축적이 생산 과정의 재생산이자 자본의 확대 재생산인 동시에, **자본주의적 사회관계의 재생산**이기도 하다는 것이다. 자본의 재생산은 이 재생산을 가능하게 했던 바로 그 조건으로 노동자들을 되돌려 놓는다. 노동자들은 자신에게서 잉여가치를 뽑아내는 똑같은 자본을 위해 똑같은 노동력을 판매하는 사람들로 되돌아간다. 자본 축적은 노동자 계급의 증가보다 더 빨리 이뤄지며, 자본은 갈수록 끊임없이 소수의 손에 집중된다. 그 결과 계급투쟁에서 자본의 능률이 증대한다. 마지막으로, 독점화가 진행됨에 따라 자본은 국가에 대한 통제력을 강화한다. 이 모든 사태 전개는 생산관계, 더 일반적으로는 계급들 간의 사회관계를 악화시킨다.

그럼에도 자본 축적은 오늘날 자본주의의 가장 근본적인 특징들에 속한다. 어떤 사람들은 자본 투자가 생산보다 더 빨리 늘어날 때마다 실제로 자본의 과잉 축적을 얘기한다. 실제로 자본의 확대 생산은 시계처럼 규칙적으로 이뤄지는 것이 아니다. 자본 축적에는 부침이 존재한다. 그래서 우리는 경기후퇴와 불황(불경기) 그리고 그와 정반대 현상인 호황에 관해 귀가 따갑도록 듣는 것이다. 19세기에 자본주의는 엄청나게 발전했지만 대략 10년 간격으로 불황이 발생했다. 20세기에 세계적 규모에서 가장 심각했던 불황은 1929~1933년 대공황이었다.

위기가 주기적으로 발생하면서 '경제 주기'라는 개념이 탄생했다. 자본주의는 직선적으로가 아니라 다소 규칙적인 리듬을 띤 요동 속에서 발전한다는 생각이다. 그러한 주기는 대략 다음과 같이 묘사할 수 있다. 번영기가 끝나고 갑자기 파산, 실업, 물가 하락, 이윤 소멸을 수반하는 급격한 쇠퇴가 시작된다. 그 다음에 공황이 끝나고 불황이 시작된다. 생산이 매우 낮은 수준에 머무르는 동안 경제는 일반적 마비 상태에서 어슬어슬 굴러간다. 마침내 공황이 시작됐을 때처럼 갑작스럽게가 아니라 서서히 공황의 반대 방향을 향한 회복이 시작된다. 흔히 이 회복은 속도를 얻으면서 생산 · 교환 · 투자 등이 급속히 증대하는 새로운 호황으로 이어진다. 보통 불황이 일어나기 전보다 더 높은 수준에서 경기가 형성된다. 불황은 평균 이윤율이 상승할 조건을 만들어 내기 때문이다. 경제가 때로 '과열'이라고 부르는 상태에 이를 때까지 이런 일이 계속된다. 경제의 엔진들이 헛돌게 되고, 과잉 생산이 일어나고, 경제의 메커니즘이 붕괴하고 다시 위기가 찾아온다.

물론 이상은 아주 개략적인 스케치에 지나지 않는다. 사실 어떤 위기도 똑같지 않다. 그러나 모든 위기들이 공통의 특징을 보이기 때문에 우리는 다음과 같은 물음을 던지지 않을 수 없다. (1) 경제 위기, 즉 자본 축적 메커니즘이 붕괴하는 일반적 원인은 무엇인가? (2) 1933년 이래로 1970년대 초까지 일반인 위기가 없었다는 사실을 어떻게 설명할 수 있는가?

두 물음 모두 답하기 쉽지 않다. 첫째 물음에 답하려면 반드시 마르크스 자신의 분석으로 돌아가지 않으면 안 된다. 마르크스는 모든 상품 생산은 반드시 두 가지 주요 부분으로 나뉜다고 말한다.

제1부문은 생산수단, 즉 생산재(생산 시설과 장비, 기계, 원자재 등), 다시 말해 **다른 상품의 생산에 사용되는** 모든 상품을 생산하는 데 이바지하는 부문이다.

제2부문은 소비재, 즉 인간이 필요를 충족시키기 위해 소비하는 온갖 상품을 생산하는 데 이바지하는 부문이다.

예컨대, 알루미늄 제조를 위한 기계(용광로, 압연기 따위)가 있다고 해 보자. 알루미늄은 특정 생산수단의 생산물이지만, 그 자체가 식료품 캔 제조에 이용되는 생산수단이다. 그러나 이 캔은 더는 변형되지 않는다. 캔은 그저 구운 콩이나 프랑크푸르트 소시지로 채워질 뿐이다. 그 때문에 캔과 캔의 내용물은 제2부문에서처럼 소비재가 된다. 우리는 수없이 많은 예를 들 수 있다. 그 결과 제1부문의 생산물은 빠르든 늦든, 직접적이든 간접적이든 제2부문의 생산물로 변형돼 인간의 소비라는 최종 목적지에 도달하게 된다는 것을 알 수 있다.

인간은 물건을 무턱대고 만드는 것이 아니다. 필요와 욕구를 충족시키기 위해, 다시 말해 결국은 소비하기 위해 물건을 만든다. 그 때문에 제2부문의 필요가 제1부문의 발전을 규정한다. 그럼에도 제1부문에서 일어나는 기술혁신이 제2부문의 일부 상품 가격을 낮춤으로써 그 상품들의 소비를 확대할 수도 있다. 요컨대, 제1부문의 발전과 제2부문의 발전 사이에 밀접한 상호관계가 있다. 이들 각 부문의 발전이 조화를 이루지 못한다면, 자본 축적은 순조롭게 진행될 수 없을 것이다.

마르크스는 만에 하나라도 위기를 거치지 않으면서 자본의 재생산이 일어날 수 있으려면 특정한 조건들과 법칙들이 필요하며 준수돼야 한다고 말했다. 마르크스의 수학 공식들은 너무 복잡해서 자세히 다룰 수 없지만, 전반적인 개략은 이렇게 소개할 수 있다.

인간 노동의 생산물은 그 사용가치, 즉 실제 용도에 따라 제1부문과 제2부문으로 분류된다. 상품이 매매되는 동기는 사용가치에 있다. (내가 어떤 생산물을 사는 것은 오로지 그 생산물이 나에게 쓸모가 있거나 쓸모가 있다고 믿기 때문이다.) 그러나, 다른 한편, 가격으로 표현되는 교환가치는 이러한 매매 조건을 결정하며 때로는 이런 매매의 필요조건이다. 만약 나에게 필요한 구매력이 없다면 상품을 살 수 없다. 마르크스는 사용가치와 교환가치의 상호관계에 기초해 분석과 설명을 제시했다.

제1부문과 제2부문의 생산물 모두, 매매를 위해 나오는 상품량과 소위 "유효수요" 사이에는 상호관계가 있어야 한다. 또한 시장에 나오는 모든 상품의 매매를 성사시킬 수 있는 구매력은 즉시 사용이 가능한 구매력이어야 한다. 그러나 실제로는 특정 시점에, 사용 가능한 구매력이 실제로 분배된 구매력(임금)이나 [자본가들이] 벌어들인 구매력(잉여가치)과 동시에 일치하는 일은 좀처럼 없다. 신용이나 저축이 구매력이 사용될 시점을 앞당기거나 늦추기 때문이다. 이 모든 사실을 통해, 사용 가능한 일정량의 재화와 똑같이 사용 가능한 일정량의 재원은 일정한 법칙에 조응할 때만 그리고 일정한 균형(경제 · 금융 · 통화의)이 유지될 때만 일치할 수 있다는 점을 분명하게 알 수 있다. 제1부문과 제2부문 사이의 균형은 매우 중요하다.

자본주의 생산양식에서는 갈등과 경쟁의 법칙이 생산을 지배한다. 극대 이윤 추구는 불균등 발전(부문내 · 부문간 · 지역간 · 나라간)을 일으키며, 이는 자본주의 체제의 변함없는 특징이다. 자본주의 생산양식에서 생산의 동력은 기업가의 이윤이지 경제 체제 전체의 조화로운 발전이 아니다. 반면, 필수적인 균형을 유지하기 위해 준수해야 하는 법칙들은 경제 전체와 관련 있는 것이지 기업들하고만 관련 있는 것이 아니다. 제 아무리 그런 법칙들을 공식 법률로 제정하더라도 경쟁 경제에 그것들을 엄격히 적용하기는 불가능하다. 사실, 그런 법칙들이 법률로 제정되지도 않는다. 유일하게 그런 일을 할 수 있는 전통적인 부르주아 국가조차 본질 자체가 보편적 경제가 아닌 자본에 봉사하는 계급 국가이자 자본의 발현이기 때문이다. 이런 사정 때문에 기껏해야 국가는 자본의 이익 자체가 위험에 빠지는 일이 없는 한에서 자본의 원초적 필요들과 보편적 경제의 동력을 유지할 필요 사이에서 타협할 수 있을 뿐이다. 국가는 불균형의 발생을 늘 감추려 애쓴다. 그런데도 제2차세계대전 이전까지 불균형은 규칙적으로 발생했고, 흔히 위기로까지 발전했다.

이것은 1933년 이래로 일반적 위기가 없었다는 사실을 어떻게 설명할 수 있는가 하는 둘째 물음과 모순되는 것처럼 보인다. 제2차세계대전 이래로 자본주의 세계 전체나 커다란 일부에 영향을 줄 만큼 진정으로 심각한 위기가 없었다는 것은 분명하다. 그런데도 많은 나라들은 급속한 성장기가 시작되기 전이나 끝나고 난 뒤에 다소 심각한 경기후퇴를 겪었다. 미국에서는 경제 '호황'이 있었고, 독일과 이탈리아에서는 '기적'이 있었는데, 이것들은 다소 심각한 경기후퇴들 사이에 끼어 일어났다. 이 나라들보다 덜 뚜렷했지만 프랑스도 비슷한 부침을 겪었다. 영국은 꽤나 고질적인 불황을 겪고 있는 반면, 일본에서는 반대로 장기적이고 상대적으로 안정된 성장기가 있었다. 따라서 세계 자본주의는 때와 장소에 따라 불균등한 발전을 계속해 왔다고 할 수 있다.

이상의 경기후퇴와 불황은 전면적인 규모의 진정한 위기로 연결되진 않았다. 그 이유는 자본주의 발전에 내재한 불균형이 특정한 다른 요인들에 의해 상쇄될 수 있는 경향이기 때문이다. 이 가운데 가장 두드러진 요인은 국가의 새로운 기능이다. 제2차세계대전 이전까지 자본주의 국가들은 적절한 경제 개입 수단을 지니지 못했다. 그러나 그 뒤로는 신용, 통화, 물가, 직접 · 간접의 경제 보조, 해외 무역, 차별 관세 정책과 같은 수단을 확보했다. 또한 국가는 이 수단들을 다소간 효과적으로 사용하는 법을 익혔다. 중기적으로 피할 수 없는 불균형이 낳는 위험을 줄일 조건들을 만들어내기 위해 국가는 불완전한 경제 계획 수단들을 적용해 왔다. 어떤 국가들은 핵심 공공생산부문(에너지, 운송)의 기업주이자 관리자로 변신했다. 국가는 어느 정도는 경제 · 사회 현상들에 영향을 미칠 수 있고, 특정한 충격에서 경제를 보호하는 쿠션 구실을 할 수 있다. 국가는 자본의 순환 · 투자 · 집중과 산업 구조조정에 직접적 효력을 발휘하는 다양한 수단을 사용할 수 있다. 국민생산의 5분의 1이 넘는 국가 예산을 들이부어 민간 · 군사 지출이 위기를 피할 수 있게 해 주는 효과를 과소평가하기는 어렵다. 방대한 자본 축적은 오늘날 자본주의의 특징이다. 자본 축적의 주된 문제 가운데 하나는 새로운 자본을 수익성 있게 이용하는 문제다. 강력한 무기 사업은 그러한 자본의 직접적 사용처를 제공하며, 다른 산업의 발전을 자극한다. 국가 — 실상 '저들의' 국가 — 가 고객이기 때문에 평균을 훨씬 상회하는 이윤이 남도록 값이 치러지고, 이는 이윤율 저하 경향을 상쇄하는 구실을 한다. 마지막으로, 그런 산업들은 노동자들에게 나눠 주는 임금과 봉급을 통해 추가적 구매력을 만들어 냄으로써, 구매력이 그에 상응하는 소비재 증가를 따라잡지 못하는 불균형을 완화한다.

국가 말고도 자본주의 발전 자체의 새로운 특정 양상들이 위기에 대한 방어 수단 구실을 한다. 독점화를 낳는 격렬한 경쟁과 결합된 새로운 기술 혁명 때문에 설비와 비품이 과거보다 훨씬 더 급속하게 대체된다. 이 덕분에 경제 주기가 단축되고, 불황이 전면적 위기로 발전하지 않게 된다. 제1부문에서 끊임없는 생산 확대가 일어난다. 이런 확대를 위해 더 많은 노동력이 필요해진다. 그 결과 제1부문이 분배하는 구매력이 늘어나게 되고, 이것은 다시 제2부문의 생산을 발전시킨다. 소위 "소비자 사회"라는 말로 표현되는 새로운 특징들은 제2부문의 생산 발전을 가속한다. 제품 자체나 제품의 꾸밈을 끊임없이 개조하는 것, 온갖 다양한 설비 모델, 신제품과 약간 변형해 새로운 상품명을 단 제품, 가전 제품 사용

확대 등 이 모든 것은 유치한 대량 광고 효과와 잠재 유효수요를 촉진하거나 창출하기 위해 만들어 낸 다양한 신용을 통해 복합적으로 작용해 인간을 소비 로봇으로 바꿔 버린다.

이 소비자 사회는 필연적으로 소위 제3부문, 특히 넓은 의미의 상업 부문을 확대한다. 그 결과 잉여 자본이 생산 이외의 부문에 투자돼, 그곳에서 노동자들의 고용을 추가로 늘릴 수 있게 된다. 이들의 구매력은 다시 제2부문의 생산을 확대한다. 이 모두는 잉여가치 증대와 그에 따른 자본 축적에 기여한다.

이런 요인들과 위기에 대비하는 직접적 행동들은, 그것이 국가에서 나왔든 새로운 자본주의의 발전 형태에서 나왔든 상관없이, 체제의 핵심 본질이나 체제를 지배하는 법칙들의 근본 효과를 전혀 바꾸지 못한다. 그것들은 특정 경향들을 가속하거나 늦출 수는 있어도 그 경향들과 불균형을 뒤집을 수는 없다. 타고난 모순들은 여전히 체제 내에 존재한다.

위기에 대한 방어 수단들은 대부분 위험이 따른다. 그것들은 인플레를 일으키는 효과를 발휘한다. 무기에 대한 지출은 유효수요를 창출하지만, 그에 비례해 매매 가능 상품량이 증대하지는 않으며, 제3부문의 확대는 장기적으로만 그에 상응하는 상품 생산 증대로 연결될 수 있다. 신용은 이렇게 해서 일어나는 인플레를 더욱 심화한다. 오늘날 자본주의는 다양한 불균형을 감추는 데 성공했지만, 그렇게 하는 과정 자체에서 영구적이고 일반적인 인플레라는 상당한 위험을 새로 만들어 냈다. 이런 상황은 국제 금융 질서의 붕괴와 함께 체제에 커다란 위험을 만들어 내고 있다.

9장
독점 권력 : 제국주의의 새 얼굴

우리는 자본 축적이 균등하게 이뤄져 모든 자본가들에게 이익이 되기는커녕, 반대로 특권을 가진 소수의 손에 자본이 집중된다는 점을 살펴봤다. 집중은 경쟁의 산물이다. 경쟁 과정에서 어떤 기업들은 다른 기업들보다 강하다는 게 드러난다. 강한 기업들은 약한 기업들을 흡수하거나 종속시킴으로써 경쟁 기업들을 제거한다. 그러나 새로운 대기업들은 마찬가지로 집중을 통해 성장한 다른 대기업들과 훨씬 더 치열하고 차원 높은 경쟁에 직면한다. 경쟁은 집중을 낳고 집중은 다시 경쟁으로 이어진다. 우리는 경제 · 사회 발전을 지배하는 변증법적 운동을 다시 한 번 보고 있다.

레닌은 19세기 말 자본주의 세계에서 일어났던 최초의 대규모 집중화를 특별히 연구한 바 있다. 자본의 집중은 독점화 경향에서 가장 두드러진다. 독점기업은 뜻 그대로 풀이하자면 시장 전체를 절대적으로 지배하는 기업일 것이다. 현실 세계에서 그런 기업은 극히 드물기 때문에 독점기업이라는 용어는 특정 시장의 상당 부분을 지배하면서, 동시에 시장 전체를 지배하기 위해 확장을 꾀하는 대기업을 가리킨다. 19세기의 마지막 30여 년 동안 서유럽에서는 그러한 독점기업들이 급속히 발전하면서 머지않아 그 기업들에게는 국내 시장이 너무 작아 보이는 지경에 이르렀다. 관세 장벽 때문에 영국 · 프랑스 · 독일의 독점기업들은 상대국 영토에서는 경쟁다운 경쟁을 하지 못했다. 다른 한편, 아시아와 아프리카에는 아직 자본주의 체제의 바깥이나 언저리에 머물러 있는 나라들이 있었다. 일부 나라들은 국토가 방대했다. 게다가 대부분의 나라들은 방위력이 보잘것없었다. 자국 자본가들과 목표를 공유한 서유럽의 주요 국가들은 자국의 독점기업들에게 방대한 예비 또는 특권 '경제 공간'을 제공하기 위해 강력하고 새로운 식민지 정복 물결을 일으키기 시작했다.

"자본주의의 최고 단계"인 제국주의는 그렇게 탄생했다. 제국주의는 일정한 크기와 규모에 도달한 자본주의에 지나지 않지만, 그 크기와 규모 때문에 다시 물자와 수단의 질적인 변화가 일어난 자본주의다. 식민지가 된 나라들은 처음부터 일부 원자재(특히 석유)와 대량 소비재들을 제공했다. 그러나 식민지들은 무엇보다도 식민 모국에서는 다 쓰기 어려울 정도로 급속히 축적되는 자본을 투자하고 상품을 수출할 출구를 제공했다. 제국주의는 자본주의 체제 고유의 불균형과 이윤율 저하 경향을 완화해 줄 수 있었다.

다른 한편, 식민주의는 제국주의 국가 간의 경쟁을 심화시켰다. 세계 분할은 어떤 나라들이 다른 나라들보다 더 많은 식민지를 가진 상태에서 19세기 말에는 사실상 완료됐다. 그 결과 운 나쁜 나라들은 폭력을 통해 전리품 재분배를 시도하는 것 말고 달리 방법이 없었다. 제1차세계대전(1914~1918년)이 일어난 근본 원인은 여기에 있었다. 전쟁 결과 패배한 독일의 아프리카 식민지들이 재분할됐다. 두 차례의 세계대전 사이 기간에 자본주의 세계는 상품과 자본 수출이 안정되고 집중화 속도가 완만해짐에 따라 다소 정체했다.

1945년 제2차세계대전이 끝난 뒤부터 여러 가지 중대한 변화가 일어났다. 세계 자본주의 경제는 필수적인 재건 과정에서 기세를 되찾았고, 새로운 과학 · 기술 혁명을 통해 효율이 높아졌고, 경기 후퇴와 불황이 일반적 위기로까지 이어지는 것을 방지하는 다양한 대증요법과 완충장치 사용법을 익히게 됐다. 이런 상황 덕분에 급속한 성장이 이뤄졌고, 상품과 자본 수출이 놀라울 정도로 늘어났으며, 자본 축적률은 새로운 절정에 도달함으로써 마찬가지로 전례 없는 집중화가 일어났다. 이런 사태 전개는 미국과 영국에서 시작돼 일본과 몇몇 서유럽 나라들로 확산됐다. 다소 뒤늦게 발전이 시작된 프랑스도 1960년대 후반에는 똑같이 두드러진 발전을 겪었다. 끊임없이 새로운 합병과 재편이 선언됐고, 그것들은 흔히 지배와 참여에 관심을 보인 외국 자본과 이뤄졌다.

같은 기간에 정치적 해방 운동이 아시아와 아프리카 전역으로 들불처럼 걷잡을 수 없이 퍼져 나갔다. 평화적으로든 폭력 투쟁으로든 대부분의 나라들이 명목상의 독립을 얻었다. 이 독립을 명목상의 독립이라고 표현한 이유는 이른바 제3세계에 대한 종속과 약탈 때문이다. 종속과 약탈은 신식민주의라는 새로운 상황에 맞춰 단지 형태가 바뀌었을 뿐, 사실상 제국주의자들의 꼭두각시 노릇을 하는 토착 정부들을 통해 계속되는 것이 보통이다.

오늘날 제국주의자들과 독점기업들은 19세기 초에 번영을 누렸던 자들의 후계자들이지만, 둘 사이에는 여러 가지 중요한 차이점이 있다.

독점에 관해 말하자면, 자본의 축적과 집중은 산업 부문만의 현상이 아니었다. 그것은 19세기 이래로 금융 부문에서도 특징이었다. **투자은행**들을 성장시킨 커다란 동력은 거기서 나왔다. 투자은행은 매우 다종다양한 사업에 자본을 투자하면서도 특히 산업에 역점을 두고 지배권을 획득하는 데 집중하는 전문 은행이다. 그 결과 은행 자본과 산업자본 간의 장벽이 무너지기 시작했다. 최초 형태의 자본은 갈수록 더 깊이 산업자본 속에 스며들면서 **금융자본**으로 변신했다. 더욱 최근에는 거꾸로 산업에서 출발한 많은 대기업들이 축적한 이윤의 대부분을 별로 관련 없는 부문의 기업 활동에 투자하기 시작했다. 투자은행들과 아주 비슷한 구실을 하는 이런 기업들을 지주회사라고 부른다.

투자은행들을 경영하면서 사치스런 자본주의 제국들을 관장하는 금융가들은 옛부터 과두제로 불린 형태의 권력을 누리고 있다. 이제 지주회사의 자본가들도 이 과두 권력을 누리고 있고, 사업을 다각화하고 있는 자본주의 대기업들로까지 권력이 확산되고 있다. 사실, 금융·상업·산업 부문들은 갈수록 서로 겹쳐지고 있다.

이렇듯 과두 권력은 경제를 직접·간접으로 지배할 수 있는 권력을 가진 소수의 대자본가들로 이뤄진다. 더욱이 실제로는, 그들은 그들이 가지고 있는 자본량이 보여 주는 것보다 더 큰 권력을 행사한다. 흔히 중소액 주주들은 회의에 참석하지 않거나 대리 투표를 하기 때문에 대주주들은 자기들이 내키는 대로 할 수 있다. 절반도 안 되는 주식 — 30퍼센트나 20퍼센트, 심지어는 그 이하 — 을 소유한 개인이나 개인들이 회사를 지배할 수도 있다. 자회사[계열사]를 두는 놀음으로 지배에 필요한 주식은 더한층 줄어든다.

어떤 금융 그룹 전체를 지배하는 데 평균적으로 33퍼센트의 주식이 필요하다고 해 보자. 만약 자본의 33퍼센트를 소유함으로써 이 그룹을 지배하는 그룹 내의 A라는 회사가 A'이라는 자회사 주식의 33퍼센트를 소유하고 있다면, 이 그룹은 33퍼센트의 33퍼센트, 즉 11퍼센트를 가지고 A'이라는 자회사를 지배할 수 있게 되는 셈이다. 게다가 자회사 A'이 또 다른 자회사를 설립하지 말라는 법은 없다. 바로 이런 이유로 투자은행들과 지주회사들은 흔히 복잡한 자회사망을 통해 자본을 투자한다. 1천 단위의 자본이 5천 단위나 1만 단위 이상의 제국을 지배할 수도 있다. 1973년에 수에즈 금융회사와 인도차이나 은행은 3백~4백 개의 기업을 공동 지배하고 있다고 인정한 일이 있다!

산업 · 금융 독점기업들은 갈수록 국경을 뛰어넘는 경향을 보임으로써 흔히 다국적기업으로 불린다. 자국의 국경 너머로 사업을 확대해 흔히 세계로 침투해 들어가는 대기업들과 투자은행들이 다국적기업이다. 세계 2백대 기업들은 20개국이 넘는 나라에 자회사를 두고 있다. 프랑스 기업인 CGE는 그런 평범한 국제적 독점기업일 뿐인데도 회사의 1969년 보고서에 따르면 1백 개가 넘는 나라에서 사업을 벌이고 있다. 또한 시티뱅크, N.A., 뉴욕에 본점을 둔 한 시중은행도 세계적으로 1백 개가 넘는 나라에 지점과 자회사가 있는 것으로 알려졌다.

대부분의 주요 기업들과 거의 모든 독점기업들은 다국적기업이다. 세계 여러 나라에 걸쳐 생산 회사들을 두고 있는 산업 독점기업들이 가장 전형적이다. 프랑스의 알루미늄 독점기업인 페시네이는 흥미로운 사례다. 1972년에 회사 생산의 44퍼센트가 프랑스에서 이뤄졌고, 56퍼센트는 미국 · 카메룬 등 5개국에서 이뤄졌다. 그런 기업들은 여러 나라 독점기업들의 공동 자회사인 경우가 흔하다.

독점기업들은 그 밖의 방식으로도 부분적 연합이나 국제적 협력을 한다. 그 중에서도 독점기업들이 항상 자본의 축적 · 집중을 가속하기 위해 단독으로든 공동으로든 세계 시장 전체로 촉수를 뻗는 일반적 경향이 두드러진다. 그들은 한 나라 안의 두 도시 사이에서처럼 시카고 · 파리 · 싱가포르 간의 자유로운 거래를 원한다. 그들은 몬트리올이나 상파울루, 아비장에서도 자기 나라에서처럼 손쉽게 공장을 세우고 싶어 한다. 이 때문에 그들은 자본과 상품의 자유로운 이동을 보장하고 통화와 통화의 유통을 조절할 국제 경제 · 정치 질서의 수립을 열망한다. 유럽 공동시장은 그런 국제 질서의 지역적 선구자에 지나지 않는다. 유럽 공동시장 안에서 툭하면 일어나는 위기들은 그러한 국제 질서를 이룩하는 과정에서 부딪히는 엄청난 어려움을 보여 준다. 우리가 살펴본 것처럼, 모든 경향은 그 상쇄 경향과 충돌하며, 모든 발전은 그 자체 내에 모순을 포함하고 있다. 그럼에도 어떤 상황을 만들어 내는 동역학은 지배적 경향을 찾아냄으로써 가장 잘 이해할 수 있다. 오늘날 독점자본주의 내에서 지배적 경향은 통합 국제 질서에 대한 열망이다.

국제 독점기업들이 다양한 방식으로 제3세계를 약탈한다는 사실은 더는 이론의 여지가 없다. 그러나 '선진국' 노동자들에게서 뽑아내는 막대한 잉여가치와 비교할 때 이런 약탈이 어느 정도의 이윤을 가져다주는지 그리고 체제의 생존 전망에 어떤 효과를 발휘하는지에 관해서는 논쟁이 계속되고 있다.

무역은 중요한 약탈 수단이다. 우리는 어떤 상품을 생산하는 데 사회적으로 필요한 노동의 양이 그 상품의 가치를 결정하며, 노동력을 유지하고 회복하는 데 필요한 상품들의 가치가 곧 노동력의 가치라는 점을 알고 있다. 그러나 저발전국에서 노동력의 가치를 결정하는 상품들의 가치가 엄청나게 낮다는 것은 널리 인정되고 있는 사실이다. 저발전국에서 그 상품들의 가치는 "생리학적 최소액"(생존과 노동에 없어서는 안 되는 최소액)이나 다름없다. 반면, 선진국에서 그 상품들의 가치는 개인적 · 사회적 비용을 모두 더해 환산한다. 그 때문에, 비현실적이긴 하지만 생산성이 같다고 전제하고 계산하더라도, 아시아 · 아프리카 · 남미의 노동력은 유럽과 북미의 노동력보다 훨씬 더 싸다. 구체적 예를 들면, 만약 커피 · 바나나 · 코코아 등을 유럽이나 북미에서 생산할 수 있다면 값이 훨씬 더 비싸질 것이다. 저발전국들이 상대적으로 가치가 과소평가된 상품을 수출하고, 선진국들이 가치가 과대평가된 상품을 수출한다는 것은 대체로 사실이다. 이것이 **부등가 교환**이라고 알려져 있는 현상이다.

부등가 교환의 금융 가치는 계산이 거의 불가능하다. 기껏해야 대략 추산할 수 있을 뿐이다. 그럼에도 부등가 교환의 진행 상황을 살펴보는 것은 가능하다. 부등가 교환이 부정적인 방향으로 진행되고 있기 때문이다. 부등가 교환의 진행 상황은 "교역 조건의 악화"로 설명된다. 교역 조건이란 어떤 나라에서든 수출 상품 1톤과 수입 상품 1톤의 평균 가치들 사이의 관계를 가리킨다. 통계에 따르면, 1970년에 제3세계 나라들 전체는 똑같은 양의 제조업 상품을 수입하기 위해 1956년에 필요했던 것보다 15퍼센트 많은 천연산물을 수출해야 했다. 1970년에 이 15퍼센트의 수출품을 생산하기 위해 그 나라들은 자국의 발전을 위해서가 아니라 독점기업들과 제국주의 경제를 위해 일한 셈이다.

그런 식으로 빼돌려지는 액수는 제3세계 기준으로는 막대한 액수지만, 제국주의 경제의 금고에는 별로 큰 보탬이 안 된다. 선진국들 전체의 해외 무역 총량의 19퍼센트, 즉 총생산의 2.25퍼센트만이 제3세계와 거래되기 때문이다. 더욱이 이 비율은 계속 줄어들고 있다.

다른 한편, 제국주의 독점기업들이 제3세계 나라들에 투자한 자본은 막대한 이윤을 제3세계로부터 빼앗아 간다. 이윤은 대부분 거의 재투자(15퍼센트 미만)되지 않고 제국주의 나라들로 송환된다. 1970~1971년에 연평균 88억 달러가 그런 식으로 송환됐다. 이것은 같은 기간에 제3세계가 받은 해외원조 총액을 상회하는, 제3세계로서는 상당히 큰 액수다. 그런데도 그것은 부유한 나라들 국내 저축의 2퍼센트에 지나지 않는 액수다. 부유한 나라들에게는 별 의미가 없는 액수인 것이다.

요약하면 다음과 같다. 부등가 무역에서 나오는 엄청난 이윤은 제3세계에 투자한 자본과 그 밖의 약탈에서 나오는 이윤과 함께 제국주의 나라들의 이윤율 저하 경향을 상쇄하는 효과를 낸다. 이것은 과거에는 중요했을 수도 있다. 그러나 이제는 그다지 중요하지 않을 뿐 아니라 이런 식의 극도 이윤을 제국주의 체제의 안전밸브로 볼 수도 없다.

제국주의가 제3세계에 계속 관심을 보이는 이유는 다른 곳에 있는 듯하다. 오늘날 제국주의는 산업구조 전체를 제3세계의 에너지(석유)와 공업 원자재에 의존하고 있다. 1975년에 선진 공업국들은 다음과 같은 몫의 자원을 저발전국들에 의존함으로써만 자신들의 국제적 수요를 충족할 수 있었다.

석유 수요의 50퍼센트
철 수요의 35퍼센트
보크사이트 수요의 50퍼센트
크롬 · 망간 · 안티몬 수요의 85퍼센트
코발트 수요의 70퍼센트
주석 수요의 90퍼센트
구리 수요의 45퍼센트

주요 공업국들은 이런 식으로 저발전국에 천연 자원을 의존하고 있다. 영국 · 독일 · 이탈리아 · 일본처럼 천연 자원이 부족한 나라들뿐 아니라 미국과 (그보다는 덜하지만) 프랑스처럼 천혜의 자원을 가진 나라들도 마찬가지다. 한때 프랑스는 세계 최대의 보크사이트 생산국이었지만, 지금은 세계 수요의 5퍼센트만을 생산하는 제3위의 생산국이다. 미국은 여전히 세계 최대의 석유와 구리(매장량이 줄어들기 시작했다) 생산국인데도 갈수록 둘 다 더 많은 양을 수입하지 않으면 안 되고 있다.

모든 주요 공업국이 이런 식으로 천연 자원을 의존하기 때문에, 꼭 필요한 제3세계 부를 다국적기업들이 굳게 틀어쥐기 위한 제국주의적 통합의 필요가 커지는 경향이 있다. 저발전 지역 — 특히 아프리카 — 의 광물 채취와 시추 분야에서 다국적 자본에 바탕을 둔 기업들이 급증하고 있는 것은 바로 이 때문이다. 다른 지역들에서는 아직까지 그런 기업들이 비교적 흔치 않다. 새로운 제국주의 독점기업들은 천연 자원이 모두에게 개방돼 있고 가능한 한도 내에서 아무나 무역과 자본 이동을 자유로이 할 수 있는 제3세계를 분명하게 선호한다. 체제와 각각의 제국주의 국가에게 제3세계의 원자재들은 매우 중요한 안전 밸브다. 그 때문에 제국주의 국가 자신을 비롯한 모든 국가들은 아시아, 아프리카, 라틴아메리카의 민중을 지배하고 착취할 수 있는 구조들을 유지하고 가능한 한 강화하는 데 기본적 의견 일치를 보이고 있다. 오늘날 제3세계에 대한 국가 차원의 원조는 거의 전적으로 경제적 이해관계에 따라 제공된다. 그런 원조는 사적 자본을 위해 길을 터주고, 원조받는 토착 정부들을 길들이는 구실을 한다. 제3세계를 지배하려는 경향은 이제 독점자본주의의 지배적 경향이다. 그 경향은 어떤 분야들에서는 아직 미약하지만, 이미 어느 정도는 효과적으로 그리고 별다른 방해를 받지 않으면서 저발전국 민중을 종속시키고 노동의 열매를 약탈하는 결과를 낳고 있다. 그러나 이에 반발해, 이들 나라 대중의 의식이 깨어나고 있으며, 저항의 목소리가 커지고 있다.[9]

10장
국가의 신비를 벗기기 : 부르주아 민주주의의 현실

먼 옛날, 사람들은 가족·씨족 등 집단을 이뤄 살았다. 그러한 노동과 사회 생활 조직은 경험에서 비롯해 모두가 존중한 관습을 토대로 일반적 합의가 이뤄진 데서 유래했다. 아무도 이웃을 착취하지 않았기 때문에 "민간 공동체"라고 부르게 된 이 체제에서는 노동을 평화적으로 분담했다. 공동체는 기능을 조정하기 위한 전문가나 전문가 조직이 필요 없었다. 따라서 전업적 전문가도 없었다.

그러나 착취 — 예컨대 노예제 같은 — 가 생겨나자 모든 것이 변했다. 사회 안에서 어떤 집단이나 계급이 폭력을 사용해 다른 사람들을 지배하고 그들의 노동을 전유하는 데 성공하자마자 사회적 적대가 생겨나 일반적 합의를 이룰 수 없게 됐다. 이 때문에 내적 갈등을 일으키고 갈등을 지속시키는 사회를 영속시킬 수 있는 제도와 수단을 만들어 낼 필요가 생겼다. 그렇게 탄생한 제도들은 규제와 억압을 가할 수밖에 없으며, 조직적이고 행정적일 수밖에 없었다. 새로운 유형의 사회가 발전하자마자 이런 제도들이 국가가 됐다.

그 때문에 국가는 인간 사회만큼 오랜 것이 아니다. 그것은 계급 사회의 산물일 따름이다. 실제로 국가는 한 인간 집단이 다른 인간 집단을 지배하기 위해 필요했다. 따라서 국가는 착취자와 피착취자 모두에게 이익을 줄 수 없으며 억압자들이 손에 쥔 도구에 지나지 않는다. 국가는 인류의 특정 발전 단계에서 공동의 합의가 낳은 것도 아니고, 나중에 가서 지배계급이 그들만의 목적을 위해 국가를 전유한 것도 아니다. 그러기는커녕 국가는 지배계급 자신의 피조물이다.

우리는 어떤 사회라도 생산의 물질적 조건과 생산양식이 사회의 경제적 **하부구조**, 즉 물질적 토대가 된다는 점을 살펴본 바 있다. 이 하부구조가 도덕, 법, 문화, 이데올로기, 사회와 공공 생활의 기관들, 즉 **상부구조**를 결정한다. 사실, 국가는 상부구조의 핵심 기관이다. 그 때문에 국가는 경제적 하부구조를 반영한다. 더 정확히 말하자면, 국가는 자신의 영역에서 경제적 지배·착취 관계를 재생산한다. 한 나라를 지배하는 일련의 제도들 전체가 이 영역에 든다. 그러나 변증법은 모든 현상에 나타나는 상이하고 모순된 측면들을 모두 바라보라고 가르친다. 사실, 국가가 하부구조를 반영하는 것은 틀림없지만 **수동적으로** 반영하는 것은 아니다.

일단 태어나 살게 된 국가는 독자적 생명을 지닌 특별한 세력이 된다. 그래서 국가는 자신을 낳은 하부구조를 반영하는 한편으로 그것에 거꾸로 작용할 수 있다. 이 점은 우리가 뒤에 살펴볼 외관상의 일부 모호한 현상들을 설명해 준다.

우리가 지금까지 배운 바에 따르면, 국가는 소수파 계급의 지배를 보여 주는, 소수파 계급이 선택한 억압 수단이다. 따라서 국가의 주된 목적은 **폭력을 정당화**하는 것이다. 만약 폭력이 강자의 노골적 권리 행사로 비쳐진다면, 큰 저항이 일어나 사회 자체가 위태로워질 것이다. 그 때문에 폭력은 통상적인 법, 더 좋기로는 세속적이냐 신성하냐에 상관없이 영구불변의 법을 적용한 결과로 비쳐져야 한다. 이런 식으로 국가의 주된 기능은 강자의 법을 모든 사람의 이익을 보장하는 법으로 보이게 하는 것이다. 왜곡은 국가에게 없어서는 안 되는 무기다.

영원하다고 믿어지는 국가는 한 계급의 지배와 그 지배를 낳는 생산양식이 유지되는 한 존속한다. 다른 한편, **정부**는 일정 기간 국가 운영을 맡은 사람들의 집단에 지나지 않는다. 흔히 그 기간은 매우 짧다. 이 둘이 분명히 구분되는 것처럼 보일지도 모르지만, '새 국가'를 창조했다고 주장한 사례가 많았음을 기억해야 한다. 제2차세계대전기에 프랑스에서 권력을 잡은 페탱[나찌의 꼭두각시]은 자신이 통치하는 "프랑스 국가"가 새로운 국가라고 주장했는데, 적잖은 사람들이 이 말을 믿었다. 그 20년 뒤 드골은 본질이 변했을 만큼 국가를 '개혁'했다고 주장했고, 역시 많은 사람들이 그 말을 믿었다.

매우 다양한 의도를 지닌 사회민주주의 운동들이 강력한 대중 지지를 바탕으로 집권할 수 있다. 그러나 사회민주주의 운동이 기존 국가기구에 적응한다면 그것은 민주주의를 좀 더 지향하는 부르주아 민주주의 국가를 운영하게 되는 데 불과할 것이다. 이 때문에 '사회주의적 대안'은 오로지 낡은 부르주아 민주주의 국가를 완전히 새로운 국가로 대체할 때만 실현될 수 있다. 새로운 사회주의 생산양식은 다른 계급, 즉 노동자 계급의 지배를 보증할 다른 생산관계를 창출해야만 하기 때문이다.

이제 일반으로는 국가, 특별하게는 현재 세계의 수많은 곳에서 우리가 마주치는 독점자본주의 국가를 더 자세히 살펴보자.

부르주아 민주주의 국가는 두 가지 용도가 있다. 흔히 더 분명하게 눈에 띄는 기능은 강제와 억압 수단을 확립하고 운용하는 것이다. 잘 눈에 띄지 않지만 강제와 억압 못지않게 중요한 기능은 부르주아 민주주의를 편제하는 구실, 즉 노동자들에 대한 자본가 계급의 억압을 숨기고 가짜 평등을 앞세우는 제도·규칙·법을 결합하는 구실이다. 이 두 가지 기능은 서로 보완한다. 여기서는 분석을 위해 구분했을 뿐이다.

군대와 경찰은 국가가 좌우하는 제1의 억압 수단이다. 일단 사회에 적대적 계급들이 출현하자 무기나 방위 임무를 모든 사람에게 맡길 수 없게 됐다. 다수인 피억압자들이 억압자들에게 무기를 겨눌 수도 있었기 때문이다. 그 결과 상비군을 일반화하고 징병을 제한했다. 부르주아 국가는 사병들이 이데올로기적으로 애국심이라는 허울을 통해 길들었을 때만, 징병되고 나서는 무조건적으로 충성하고 규율에 철저히 복종하는 직업군으로 적응할 수 있을 때만 병역을 이용했다.

부르주아 민주주의 국가의 군대는 자본가 지배계급에게 봉사한다. 흔히 제국주의간 경쟁의 산물인 국외 분쟁에서(제1차세계대전), 대중 봉기를 유혈 진압하기 위해(파리코뮌과 1917~1920년 러시아에 대한 개입), 과거에는 식민지를 정복하기 위해, 근래에는 신식민지 정부들을 돕기 위해(프랑스가 가봉과 차드 공화국에서, 미국이 대만과 베트남에서), 마지막으로 파업이나 대중 시위를 분쇄하기 위해(1968년 파리에서, 1968년 시카고에서) 군대는 자본가 계급에게 봉사했다.

모든 나라에서 경찰은 너무 노골적으로 사용되고 너무 폭력적으로 행동했기 때문에 국가를 위해 일하는 경찰의 기능은 더는 강조할 필요조차 없을 정도다. 경찰은 국가의 상징 자체가 됐다.

사법부 · 법원 · 감옥은 모두 국가가 사용할 수 있는 억압 수단의 일부다. 뒤에 살펴볼 법과 별도로 이 기구들은 사실상 사회적 차별을 실천한다. 그 덕분에 부자들은 최고급 변호인을 사거나 부패한 관리들을 매수하는 능력, 형을 선고받더라도 더 나은 조건의

적용, 판사 마음 속의 편견(판사가 계급 유대감을 극복하기란 좀처럼 불가능하다), 배심원 가운데 "바람직하지 않은 분자"를 제거하기 위한 판사의 선별 등 여러 혜택을 누린다. 정치수들이 특별한 법적 지위를 지니는 것은 어렵거나 불가능하다. 정치적 '범죄' 때문에 유죄 판결받는 사람들은 거의 모두 부르주아 민주주의 국가를 반대하는 사람들이기 때문이다.

국가 행정 자체가 강제와 억압을 가하는 구실을 한다. 관료들은 그들이 다스리는 사람들의 통제를 받지 않으며, 심지어 선출된 대표들의 통제도 받지 않는다. 관료들이 가진 권력 때문에 국가는 사회 위에 군림한다. 그 결과 관료제는 객관적으로 상층 부르주아지에게 봉사하는 영구적이고 튼튼하고 구조화한 위계제가 됐다.

부르주아지는 봉건 체제를 밀어내고 지배계급이 되기 위해 대중의 지지를 동원하지 않을 수 없었다. 1776년 미국 혁명과 1789년 프랑스 혁명이 뚜렷한 예다. 민중의 지지를 얻기 위해서는 거창한 원칙들(인권, 법 앞의 평등)을 선포하고 대중과 동맹하기 위한 요구들을 내세울 필요가 있었다. 자본주의에 적합한 국가인 민주 공화정, 즉 부르주아 민주주의는 처음부터 자유와 권리를 인정하는 데 바탕을 뒀다. 그러나, 실제로 이것은 필연적으로 노동자계급과 그 밖의 다른 피억압 계급들이 권력에 접근하는 것을 방해했다. 부르주아 공화국은 자유를 깃발로 내걸지 않을 수 없었지만, 반드시 대중의 자유는 제한하려고 애썼다. 이렇듯 위선은 부르주아 민주주의의 핵심 특징이었다.

역사적으로 부르주아지는 민중의 그러한 권리들과 자유를 제한하는 가장 좋은 방법은 그것을 공개적으로 제한하거나 반대하지 않는 것임을 곧 깨달았다. 그런 권리와 자유가 만인에게 있음을 선언하고 실천에서는 그것의 진정한 내용을 제거하는 것이 훨씬 더 나았다. 그래서 부르주아 민주주의는 이름뿐인 것으로 드러났고, 노동자 계급과 관련지어 봤을 때 그 실제는 그 선언과 끊임없이 모순돼 왔다.

자유는 피억압 계급들에게는 속임수였지만, 부르주아지 자신에게는 없어선 안 되는 것이었다. 부르주아지는 지배를 확립하고 지키기 위해 자유가 정말 필요했다. 부르주아지는 노동력을 봉건제에서 해방하기 위해 노동의 자유가 필요했다. 부르주아지는 투자를 자유화하고 무역과 자본주의 발전의 장애물들을 없앨 필요가 있었다. 부르주아지는 일반으로 "개인의 자유"가 필요했다. 부르주아지는 개인의 자유를 신성화했다. 개인의 자유는 새로운 생산양식의 주춧돌인 사유재산을 이데올로기적으로 정당화하기 때문이다. 사유재산을 합법화하고 만인에게 평등하다는 법으로써 사유재산을 수호하고 정당화하기 위해 숭고한 원칙들을 이용했다. 법은 사업의 자유와 재산을 취득할 권리를 앞세워 노동자들의 노동 대부분을 일상으로 착취하도록 용인했고, 그런 착취가 빚는 사유재산에 대항하는 행동들을 탄압했다.

무상 의무 교육을 창시한 부르주아 민주주의는 모든 연령층의 아이들 마음속에 체제 수호 이데올로기를 불어넣기 위해 교육을 이용한다. 그렇게 하는 까닭은 법 앞의 평등, '인간'의 자유가 주는 이익, 개인들의 상호 의존과 사회적 책임을 부정하는 사회의 도덕적 우수성을 모든 사람들이 믿게 하는 데 있다. 국민 교육과 문학 · 역사 · 철학 교육은 모두 이런 목적에 이바지한다. 보통, 실용 기술 교육은 체제에 필요한 미래의 노동자들을 각자의 위치에 적응하도록 훈련하는 데 그친다. 학교 제도는 계급 분리를 영속시키는 구실도 한다. 한편으로 고등교육 기회에 대한 사실상의 사회적 차별을 통해서, 다른 한편으로 육체 노동과 지식 노동, 학교와 실제 세상을 되도록 분명하게 분리함으로써 그렇게 한다. 더욱이 교육 자료의 내용과 서술은 처음부터 끝까지 사회적 특권을 누리는 아이들 중심이다. 그 때문에 적성에 따른 선택은 사회 도태를 위한 연막이다.

부르주아 민주주의의 이중성은 국민주권이라는 근본 문제와 연관돼 있는 정치 영역에서 특히 분명하게 드러난다.

모든 사람이 표현과 언론의 자유를 행사할 권리를 가지고 있다고 하지만 국가는 그 자유를 행사할 수 있는 수단을 아무에게나 허용하지 않는다. 실제로 막대한 재원을 가지고 있는 사람들만이 그와 같은 권리를 누린다. 그런 수단이 없는 사람들은 권리를 빼앗긴다. 〈르 피가로〉와 〈르 몽드〉는 대량으로 발행하는 일간지와 잡지를 가지고 있는 반면, 체제에 반대하는 사람들은 복사 인쇄물이나 아니면 기껏해야 자기 지지자들의 희생을 통해서만 살아남는 빈약한 간행물에 만족해야 한다.

국가는 집회와 시위의 자유를 큰소리로 선포하지만 공공 질서의 이름으로 그것들을 금지하는 권한을 두고 있으며, 경찰은 국가의 결정을 집행하기 위해서라면 무슨 짓이든 한다. 따라서 진보적인 집회와 시위가 끊임없이 국가의 방해와 경찰의 폭력에 직면하는 것은 놀라운 일이 아니다.

국가가 라디오와 TV를 소유하고 있는 나라라 하더라도 때에 따라서는 정적들에게 똑같은 시간을 배정할 수도 있다. 그러나, 일반으로, 시류에 편승하는 뉴스 방송, 선정적인 드라마, 바보 같은 오락물, 사고를 마비시키는 광고 공세 등은 모두 시민들을 탈정치화함으로써 부르주아지에게 봉사한다. 시민들의 정치적 무기력은 부르주아지에게 득이 되기 때문이다.

그 결과 부르주아 민주주의 나라에서 소위 국민주권 행사(선거)를 앞둔 시민들은 반동적 정당들의 선전과 기만을 우호적으로 받아들이도록 부추겨진다. 맨 먼저 시민들은 이런 말을 듣게 된다. '여러분은 민주주의 국가에 살고 있습니다. 원하기만 하면 누구든 입후보할 수 있습니다. 여러분은 마음에 드는 후보 아무에게나 투표할 수 있습니다. 여러분에게는 평등한 투표권이 있습니다.'

이런 선전은 많은 기만을 담고 있다. 먼저, 누구나 입후보할 수 있다는 것은 사실이 아니다. 그러기 위해서는 의지뿐 아니라 수단이 있어야 하기 때문이다. 어떤 나라들은 비용의 일부를 보조해 주지만, 그런 나라에서조차 후보들은 돈이 필요하다. 돈을 쓰는 능력(출판물 · TV · 라디오와 광고 · 홍보 · 여행에)이 후보들의 당락을 좌우한다. 따라서 독점기업들이 돈을 대는 후보가 훨씬 유리하다. 둘째, 유권자들은 위에서 묘사한 일반적 조작과 당장의 거짓선전을 이겨내고 독립적 판단을 내리는 한에만 바라는 대로 투표할 수 있다. 많은 나라의 경우 유권자들의 표가 평등하지 않을 수도 있다. 많은 부르주아 국가들은 그 모든 직접 · 간접 압력이 효과가 없으면 어쩌나 하는 생각에 선거구를 조정함으로써 표를 도둑질한다. 예컨대, 노동자 계급 지구에서 대표를 선출하는 데는 5만 표가 필요하도록 만들고, 사회 구조상 보수주의자의 당선을 예상하는 지역에서는 1만 표만 있어도 되게끔 만드는 식이다. 다단계 투표를 치르는 곳에서는 또 다른 방식으로 책략을 부릴 여지가 있다. 비슷한 정치 집단들이 1차 투표에서는 서로 적대를 가장해 반동적 다수를 형성함으로써 결선 투표에서 진보 후보들을 압도하는 방법이 그것이다.

대중 주권과 시민 평등에 대한 미신은 또 다른 기만을 낳는다. 즉, 국가가 서로 다른 계급들과 사회집단들 사이에서 공정한 중재자 노릇을 한다는 것이다. 국가는 (정부를 통해) 어떤 분쟁을 중재해 달라고 요청받을 수 있다. 이 점을 이해하려면 비록 국가가 상부구조의 핵심 요소일지라도 자신을 파생한 하부구조를 수동적이고 자동적으로 반영하는 것은 아니라는 점을 기억할 필요가 있다. 국가는 사회 생활을 편제하는 모든 측면에서 지배계급(자본가계급)의 권력을 표현하는 특별한 구실을 한다. 국가는 이런 특별한 구실을 하기 위해 상대적 자율성이 필요하다. 전략적으로, 즉 중·장기적으로 국가는 자본의 이익에 봉사할 수밖에 없다. 그렇게 하는 데에 국가의 용도가 있기 때문이다. 그러나, 흔히 전술적으로, 즉 단기적으로 국가는 교묘하게 움직이거나 심지어 후퇴할 수도 있다. 계급투쟁은 부르주아 사회의 특징이다. 계급투쟁 속에서 세력 균형은 끊임없이 변한다. 국가가 할 수 있는 기동과 후퇴는 정의를 위해 임의로 내리는 판단이 아니라 세력균형으로 보아 폭력을 사용하는 게 현명하지 않은 듯할 때 책략을 사용할 필요에서 비롯하는 것이다.

제2차세계대전 이후 부르주아 국가의 변화를 살펴봤을 때, 국가는 대단히 사활적이고 장기적인 조처들을 통해 여전히 자본주의 국가인 채로 남았을 뿐 아니라 대규모 자본주의의 도구 — **독점자본주의 국가** — 임이 훨씬 더 명백해졌다.

부르주아 국가는 경제의 독점을 심화시키기 위해 새로운 개입 수단들을 발명해야 했다. 우리가 살펴봤듯이, 지금은 흔히 대규모 자본가 기구와 협상을 통해 가격 수준을 결정하는 가격 협정 같은 수단들, 정부의 청부 계약, 신용 배분과 통화 관련 조처들, 금융 활동 규제 등을 통해 끊임없이 경제를 규제할 수 있다. 그러나 뭐니 뭐니 해도 오늘날 독점자본주의 국가는 근본적이고 지속적인 선택의 기회가 존재하는 곳에서는 장기적이고 구조적인 차원의 개입 수단을 지니고 있다. 오늘날 독점자본주의 국가는 막대한 예금과 상당한 액수의 자본을 관리한다. 이 돈을 정부 투자나 민관 합동 투자에 투입함으로써 민간 투자를 고무하고 활성화할 수 있다. 오늘날 경제 — 실은 독점기업 — 에 대한 직접 · 간접의 국가 보조금 제공은 관행이 됐다. 국가는 보조금을 제공함으로써 필요한 구조조정을 하거나 부문간 불균형을 바로잡는다. 파격적이고 막대한 군사 지출은 체제의 특정한 부정적 경향들(이윤율 저하 경향 같은)을 영구적으로 상쇄할 정도다. 마침내 조정과 계약이라는 테두리 안에서 계획을 실시하게 된 독점자본주의 국가는 중기적으로 자본주의가 허용하는 한에서 경제의 일반적 방향과 전체적 균형을 유도하고 있다. 국가는 독점기업들이 더 넓은 경제 영역에서 번창하게 할 수 있게 하는 대외 협정을 체결한다(예컨대 유럽 공동시장이나 기타 국제 기구의 가맹국으로서).

유럽의 독점자본주의 국가는 기간 산업인 수송 · 에너지 부문의 수익성이 떨어지거나 아예 없어지자 이를 인수해 직접 경영자로 변신했다. 가장 수익성 있는 부문을 민간 대자본이 담당하게 하기 위해서였다. 심지어 국가는 대단히 많은 자본 투자가 필요하고 커다란 위험이 뒤따르지만 크게 경제를 부양하는 중요 사업들

(핵에너지, 항공, 우주 탐사)도 떠맡았다.

대자본가 국가는 자본 집중을 가속하는 독점기업들의 합병에 직접 개입한다. 과학적 연구·개발은 회수가 불확실한 상당액의 자본 투자가 필요하다. 국가는 그 비용의 3분의 2에서 5분의 4 가량을 떠맡는다. 나아가 흔히 공적 자금으로 후원하는 프로그램들을 독점기업들에게 위탁한다.

마지막으로, 독점국가는 독점기업들을 위한 거대 은행이 됐다고 해도 좋을 정도의 구실을 한다. 미국 정부는 자금난을 맞은 방위산업체 록히드 항공사에 대출을 해 줬고, 엄청난 경영 과실을 저지른 펜 센트럴 철도의 투자자들과 경영진에게 자금을 지원했다.

형사가 범죄를 수사하고자 할 때 가장 먼저 던지는 물음은 '누가 그 범죄에서 이득을 보는가?' 하는 것이라고 한다. 그 범죄에서 이득을 보는 사람이 범죄를 교사한 자일 가능성이 크기 때문이다. 자본주의 국가를 두고도 똑같은 물음을 던질 수 있다. 국가의 행위는 누구에게 이익을 주는가? 그 대답은 분명 국가의 본질을 밝혀 보여 줄 것이다.

국가 자신이 제시한 1971년 프랑스 국민계정은 많은 흥미로운 사실을 보여 줬다. 다음과 같은 사실이 그 중 하나다. 1959~1971년에 착취를 통한 총수익(기업의 총이윤)은 연평균 11.3퍼센트 증가한 반면, 산업 평균 임금은 연평균 8.4퍼센트, 세금은 연평균 8.8퍼센트 증가했다. 즉, 이윤이 임금·세금보다 더 큰 폭으로 증가한 것이다. 그 덕분에 해당 기업들의 저축은 해마다 13퍼센트 늘어났다.

그런데도 자본주의 국가는 기업의 세금 부담이 과도하다고 여긴다. 그래서 자본주의 국가는 감가상각과 소모분을 위해 세금의 상당 부분을 '면제'해 준다. 1967~1971년에 프랑스 기업들은 6백14억 8천만 프랑을 직접세로 냈고, 2백94억 3천만 프랑은 '감가상각 면세'됐다. '감가상각 면세'는 결국 기업들에게 더 많은 이윤을 가져다준다.

수많은 물증들에서 뽑아낸 이상의 예들은 현대 국가가 경제를 통제하고 경제의 방향을 제시하며, 대개는 경제 성장의 열매가 다음과 같이 나뉘도록 개입한다는 것을 보여 준다. (1) 임금 생활자들과 소규모 자영업자들이 가장 적은 이득을 본다. (2) 중간 규모 사기업은 좀 더 나은 이득을 본다. (3) 독점기업이라고 부를 수 있는 대기업들이 가장 큰 이득을 본다. 현대 국가는 확실히 그 기능 때문에 독점자본주의 국가라는 이름으로 부를 만하다. 우리가 살펴본 불평등이 끊임없이 심화하고 있기 때문에 이것은 더욱 적절한 이름이 되고 있다.

11장
사회계급과 자본주의에 반대하는 투쟁

우리는 계급 문제를 일반적 차원에서 간단히 언급했다. 이제 사회계급을 특히 자본주의에 반대하는 투쟁과 관련해 검토해 보자. 우리는 명확한 결론을 제시하기보다 독자들 스스로 이 매우 복잡한 문제를 탐구할 수 있는 자료를 제공하고자 한다. 우리는 자본가 계급을 살펴보고 임금을 받는 계급을 좀 더 깊이 살펴보고 중간계급을 살펴볼 것이다. 마지막으로, 우리는 계급투쟁을 국제주의와 관련해 살펴볼 것이다.

자본가 계급들이라는 복수형은 이상하게 들릴지도 모르겠다. 독점 부르주아지와 전통적 부르주아지 — 독점자본주의에 가세하지 않은 부르주아지 부분을 뜻한다 — 를 포괄하기 위해 이런 용어를 사용했다. 둘 다 임금 생활자들을 착취하고 잉여노동을 독차지할 수 있게 해 주는 생산수단이나 교환수단 소유자로서 생산관계의 일부가 되는 사람들로 이뤄진다. 이런 점에서 그들은 함께 단일한 자본가 계급을 이룬다.

그러나 우리는 앞에서 평균 이윤율은 다양한 자본가들이 누리는 아주 다양한 이윤율의 평균이며, 높은 이윤율을 누리는 기업들은 낮은 이윤율을 누리는 다른 기업들의 몫을 제물로 삼을 때만 총잉여가치 가운데 큰 몫을 선점할 수 있음을 살펴봤다. 보통, 독점기업이 가장 많은 몫을 차지하고 중소 자본가들은 적은 몫을 차지한다. 이 때문에 잉여가치 배분을 두고 이들 서로 겨루는 경쟁자들 사이에 심각한 적대가 생겨난다. 국가가 독점자본주의 국가이고, 경제에 대한 국가 개입의 궁극 목적이 가장 경쟁력 있는 기업들 — 대개 독점기업들 — 을 위해 이윤율 저하 경향을 상쇄하는 데 있기 때문에 이런 적대는 더욱 심화한다.

잉여가치의 가장 큰 몫을 차지하기 위한 경쟁에서 패배한 전통적 부르주아지는 끊임없이 잉여가치 총량을 늘릴 때만 생존할 수 있다. 그래야만 비록 세력 균형이 끊임없이 불리해지고 있을지라도 자기 몫의 절대적 가치는 계속 유지할 수 있다. 이 때문에 전통적 부르주아지와 독점 부르주아지 사이의 대립은 부차적 대립이 된다. 전혀 의미 없다는 뜻에서가 아니라 부르주아지 전체(독점 부르주아지와 전통적 부르주아지)와 그들이 착취하는 모든 사람들, 즉 노동자 계급 사이의 싸움을 낳는 근본적 대립보다 훨씬 덜 중요하다는 뜻에서 그렇다. 때때로 노동자들은 투쟁에서 자본가 계급의 내분을 이용할 수도 있지만, 중대한 대결이 벌어질 때 결국 모든 자본 보유자들은 노동자들에 맞서 단결한다는 점을 잊지 말아야 한다.

무엇보다, 전통적 부르주아지는 잉여가치 배분을 두고 독점 부르주아지와 경쟁할지라도 독점 부르주아지의 활동에 크게 의존한다는 점을 잊지 말아야 한다. 하청업자 구실을 하지 않으면 안 되는 수많은 소기업들이 불리한 조건으로나마 대기업을 상대로 한 판매에 갈수록 의존하고 있다. 소비재를 생산하는 소기업들은 상품의 판로를 제공하는 대규모 체인점과 유통 회사에 의존한다. 은행 신용과 함께 이 모든 관계는 전통적 부르주아지를 독점기업의 그늘 안으로 밀어 넣고 발전이 지지부진한 후진적 경제 부문으로 전락하게 만든다.

농업	1.3
건설 · 광산 · 제조업	22.5
운송 · 공익사업	4.5
무역 · 금융업	21.2
서비스 부문	14.0
정부	14.8
합계	78.3

출처 : 대통령 고용 · 훈련 보고서(Washigton D.C. : Government Printing Office, 1976)
단위 : 백만 명

임금 생활자 계급을 구체적으로 살펴보기 위해서는 그 숫자에 대한 몇 가지 통찰이 필요하다. 1975년 미국의 취업 인구는 7천8백30만 명으로 다음의 표와 같이 세분할 수 있다.

선진 자본주의 사회에서 가내공업과 농업 노동자들은 흔히 뿔뿔이 흩어져 있고 숫자도 매우 적어서 자본주의에 반대하는 투쟁에서 큰 구실을 할 수 없다. 더욱이 많은 농업 노동자들은 임시 고용 노동자들이다. 그 때문에 앞으로는 이들을 논의에서 제외할 것이다.

위의 통계는 노동자군을 너무 방대하고 부정확하게 분류하고 있다. 이른바 '신중간계급'의 비중을 전체 취업인구 가운데 10~20퍼센트로 추산하면, [1975년] 현재 미국의 노동자 계급(농업 노동자를 제외한)은 전체 도시 봉급 생활자의 80~90퍼센트인 약 6천5백만 명이다. 더욱이 노동자 계급은 항상 전위였다. 자본주의 생산관계가 낳는 착취가 확실히 노동자 계급에게 가장 잔혹하고 직접적인 영향을 미치기 때문인 듯하다. 노동자 계급은 잉여가치를 뽑아내기 위한 중대한 압력에 직접 노출된다. 노동자 계급은 이런 이유와 대규모 생산 단위에 집중해 있다는 점 때문에 가장 강력한 사회집단이다. 무엇보다, 노동자 계급은 강력한 사회적 투쟁의 전통을 물려받았다. 노동자 계급은 앞으로도 수적으로 가장 중요한 봉급 생활 인구이자 잠재적으로 가장 의식적이고 응집력 있는 요소로 남게 될 것이다.

그렇다고 해서 노동자들이 지배 이데올로기의 압력을 받지 않는 것은 결코 아니며, 소비자 사회의 해독에서 면역돼 있는 것도 아니다. 일부 노동자들의 비교적 높은 생활수준은 그들의 투쟁 의지를 무디게 만든다. 기술의 차이와 훈련은 노동자들의 동질성을 약하게 만든다. 그럼에도 일부 논자들은 이런 요인들의 중요성을 과장한다. 먼저 이데올로기적 압력, 상대적으로 높은 생활수준, 온갖 분열 전술은 모든 부문의 임금 노동자들에게 영향을 미친다. 이 요인들 각각은 각 부문의 고유한 의식과 지배계급의 이데올로기적 공격 사이의 모순을 감춘다. 더욱이 다양한 이유로 각 부문은 부차적 모순과 서로 갈등을 빚는다. 지배계급은 이 모순과 갈등을 직접 도발하지 않을 때조차도 자극하기를 주저하지 않는다. 마지막으로, 최근 몇 년 동안 전 세계의 노동자 계급은 그 전투성을 의심할 수 없게끔 대단히 격렬하게 투쟁했다. 더욱이 다양한 투쟁들에서 흔히 최저임금 인상 요구를 우선 내세웠다. 지배계급이 노동의 다양화를 이용해 분열을 일으키려 했는데도 이 요구는 연대정신을 보여 줬다. 노동자 계급 다수와 차별받는 소수 노동자들 사이의 연대가 발전했다는 것도 역시 의심할 수 없다. 물론 초기에는 지배계급이 만들어 내고 지속시킨 인종차별이 이 연대를 방해했다. 요컨대, 가장 많고 단호하고 효과적인 반자본주의 투쟁을 이끌고 있는 것은 여전히 노동자 계급이다. 이는 노동자 계급의 구실이 결정적임을 보여 준다. 따라서 자본주의에 반대하는 투쟁은 여전히 노동자 계급의 이름으로 해야 한다.

비생산적 노동자로 분류한 집단이 중요한 구실을 할 수 없는 것은 결코 아니다. 이 비생산적 노동자들의 수는 생산적 노동자들보다 약간 더 빨리 늘어나고 있다. 상업·서비스업·금융기관에서 일하는 비생산적 노동자들은 이미 5백만 명에 가깝다. 그 수 자체가 우리의 주목을 끌고 있는 가운데 비생산적 노동자를 진지하게 고려해야 한다는 견해도 등장하고 있다.

만약 **서비스 노동자**라는 말을 광고·마케팅 등의 일을 하는 노동자들을 포함하는 넓은 의미로 사용한다면, 비생산적 노동자의 압도 다수는 이 집단으로 분류할 수 있다. 더욱이 대부분의 금융·서비스업 — 즉 제3부문 — 에 대한 분석을 통해 비생산적 노동자 문제를 추정할 수 있다. 이 분야에 관해서는 여전히 마르크스주의 분석이 기본이므로 마르크스 자신의 분석으로 돌아가 보자. "상업 노동자[서비스 노동자의 당시 표현]는 잉여가치를 결코 직접 생산하지 않는다." 실제로 상업은 한편으로 상품을 화폐로 바꿈으로써 상품 안에 들어 있는 잉여가치를 **실현**하고, 다른 한편으로 자본의 순환을 가속함으로써 이 잉여가치를 **증대**시킬 수 있는 필요조건을 만들어 내는 구실을 한다. 상업자본은 이런 구실 때문에 실현된 잉여가치의 일부를 나눠 가진다. 그러나 마르크스는 이렇게 덧붙이고 있다. "노동력의 가치가 [상업 노동자의] 노동의 가격을 결정하는 한편으로 다른 모든 임금 노동자의 경우와 마찬가지로 이 노동력의 이용과 발휘, 힘의 소비와 소모가 그 가치에 의해 제한되는 것은 결코 아니다."[10] 상업 노동자들은 산업 노동자들과 마찬가지로 "부분적인 무보수 노동을 한다."[11]

> [결국] 산업 노동자의 무보수 노동이 생산자본을 위해 직접 잉여가치를 창출하는 것과 마찬가지로 상업 임노동자의 무보수 노동은 상업자본을 위해 이 잉여가치의 분배를 보장해 준다. …… 상업자본에게 이것은 [잉여가치나] 마찬가지다.[12]

이상의 인용들은 명확한 분석에 이르는 길을 보여 준다. 생산관계에 비춰 볼 때 직접적으로 생산적 노동자와 비생산적 노동자는 근본적 차이가 없다. 비생산적 노동자도 자본 축적에 기여하며, 착취당하는 것은 마찬가지다. 마르크스가 썼듯이, "어떤 점에서 그러한 상업 노동자는 다른 노동자들과 마찬가지로 임금 노동자다."[13] 상업 노동자가 산업 노동자와 다르다는 것도 사실이지만, 그 차이는 착취의 본질과 무관하다. 마르크스는 당시 "상업 노동자는 …… 봉급이 나은 임금 생활자 계급에 속한다"고 말했다.[14]

그러고 나서 그는 이렇게 덧붙이고 있다. "따라서 자본주의 생산이 발전하면서 이 사람들의 노동력은 가치가 떨어진다. 그들의 노동 능력은 늘어나는 반면 임금은 하락한다." 이런 사태 전개가 계속되면서 우리 시대에 특별한 훈련을 받지 않은 상업 노동자들은 가장 착취당하는 사람들에 속하게 됐다. 그런데도 사회학적으로는 구분이 있다. 블루칼라 노동자와 화이트칼라 노동자의 구분이 그것이다. 상업 노동자와 제3부문 노동자들은 대개 공장 노동자들보다 분산돼 있고, 한 계급의 일부라는 의식이 약하다. 그들에게는 대규모 산업적·사회적 투쟁 전통이 없다. 그러나 이런 점들은 부차적인 특성들에서 비롯하는 차이다. 그렇지 않다 쳐도 이런 점들은 변하고 있다. 최근 상업 노동자들이 벌인 몇몇 격렬한 파업들은 이런 변화가 진행중임을 보여 준다.

그 때문에 자본 축적에 기여하는 비생산적 노동자들은 마땅히 자본주의에 대항해 투쟁하는 대열에 포함시켜야 한다. 그들은 산업 노동자 계급과 함께, 마르크스가 프롤레타리아로 규정한 계급을 이룬다. "자본을 증대시키는" 노동을 하는 모든 노동자들이 프롤레타리아에 속한다.

그 밖에도, 자본 축적에 기여하지 않으며 그 때문에 훨씬 신중하게 검토해야 하는 비생산적 노동자들이 있다. 수적으로 중요한 집단인 공공 서비스 노동자들이 그런 경우다. 에너지·운송 등의 생산적 국영 기업이 고용하고 있는 사람들은 이 범주에 속하지 않는다. 이들은 잉여가치를 생산하는 노동자 계급에 속한다. 이들의 사용자가 정부기관이라는 사실 때문에 이들이 속해 있는 자본주의적 생산관계의 본질이 변하는 것은 아니다.

공공 서비스 노동자들은 매우 다양하다. 중요한 집단 하나는 교사들이다. (뒤에 지식인을 검토하면서 다시 논하게 될 것이다.) 우편 · 전신 노동자들도 큰 집단이다. 국가는 주로 경제적인 성격의 특수법인에 이들을 고용하며, 이들의 노동은 이윤을 낳는다. 이런 임금 노동자들 가운데 일부는 육체 노동자이고 일부는 아니다. 그 때문에 이들의 지위는 규명하기 어렵다. 이들은 자신들에 대한 착취에 집단으로 저항해 왔다. 결론적으로, 이들은 국가행정 노동자들[공무원]보다는 "상업 노동자"에 더 가까운 듯하다.

교사와 우편 · 전신 노동자를 뺀 모든 층의 국가행정 노동자들은 어느 정도가 됐든 자본주의 국가의 직접적인 이데올로기적 · 정치적 압력을 받는다. 저소득층과 중간소득층의 노동 인력은 상업 노동자들의 노동력과 마찬가지로 전적으로 착취당한다. 그러나 흔히 이들은 자신들이 자본주의 국가의 대표자 구실을 한다고 생각한다. 국가도 이들을 평생 고용함으로써 이들이 별개의 특별한 집단이라고 생각하도록 만든다. 그 때문에 이들은 주변적이고 드물게만 반자본주의 투쟁에 참여한다.

가장 많이 얘기되는 두 가지 봉급 생활자 집단을 간과할 수 없다. 지식인과 "중간 관리자"가 그들이다. 중간 관리라는 개념은 위계와 권위라는 개념과 뗄 수 없는 듯하다. 중간 관리자는 기업 안에서 경영자, 즉 자본이 위임한 권위를 행사하는 특수한 지위에 있는 민간 피고용인이다. 그들이 받는 임금은 노동력의 가치에 해당하는 부분과 자본의 대리인으로서 봉사한 대가로 잉여가치에서 나눠 받는 부분으로 이뤄진다. 이런 조건 때문에 몇몇 개인적 예외를 빼면 감독들은 반자본주의 투쟁에 공감할 수 없다. 때때로 이들이 기업 안에서 자신들의 권위를 보호하기 위해 자본과 갈등을 빚는 부차적인 대립이 벌어지기도 하지만, 그렇다고 이들의 자본가적 성격이 변하는 것은 아니다. 우리는 이 집단의 일부가 사회주의 사상에 부분적으로 귀를 기울이는 것처럼 보일 때조차도 의심을 거두지 말아야 한다. 이들은 사회주의를 그저 자신들을 최상층 관료로 만들어 줄 체제 — 즉 사회주의의 정반대 — 쯤으로 생각하지 않겠는가?

지식 노동자는 전적으로 정신 노동에 기반하는 노동력을 지닌 사람이다. 지식 노동자는 자본의 권위를 보유하지도 전달하지도 않기 때문에 관리자 — 보통은 마찬가지로 지식 능력을 지닌 — 와 다르다. 그 차이는 역할에 있다. 똑같은 기술자가 생산 과정에 참여하면 관리자가 되지만, 연구에 종사하면 지식 노동자가 된다. 기업 안에서 지식 노동자는 생산적 노동자다. 왜냐하면, "어떤 사람이 집단적 노동자의 일부이고 집단적 노동자가 하는 종속적 역할을 하고 있다면 생산적 노동자가 되기에 충분하다."[15] 상업 노동자와 산업 노동자가 근본에서 차이가 없듯이, 생산적 노동을 하는 지식 노동자와 자본 축적에 이바지하는 비생산적 부문의 지식 노동자도 근본에서 차이가 없다. 노동력밖에 팔 게 없는 지식 노동자는 많지 않으며, 보통 산재한 소규모 집단에서 일한다. (국가 연구 시설과 핵에너지 기관은 예외다.) 이들은 응집력이 없다. 흔히 이들은 개인으로서 반자본주의 투쟁에 참여하기도 하지만, 그런 개인들이 많아진다고 해서 반드시 집단적 참여로 이어지는 것은 아니다. 그런 사람들이 주되게 할 수 있는 잠재적 구실은 교육하고 영감을 주는 역할이다.

교사들은 사정이 다르다. 교사들은 주로 국가가 고용하고 있고 생산이나 자본 축적에 기여하지 않는다. 그러나 교사들은 자신의 학생인 [미래의] 노동자들의 노동력을 창조하며, 노동자들이 더 나은 사회적 자격을 갖추게 함으로써 노동력의 가치를 증대하는 구실을 한다. 따라서 교사들은 국가가 정부행정에 고용하고 있는 사무직 노동자들과는 역할이 다르다. 교사들은 훨씬 더 독립적으로 일한다. 끝으로, 교사들은 교사들의 수와 응집력, 교사들에 대한 존경과 관심 때문에 독특한 사회집단을 이루고 있다. 자본주의 국가는 낮은 지위에 있는 교사들을 심하게 착취한다. 자본주의에 반대하는 투쟁에서 교사들의 행동은 성격상 체제를 심각하게 위협할 정도는 못 되는 듯하다. 교사들은 체제의 핵심 기관을 타격하지 못하기 때문이다. 그럼에도 교사들의 행동은 나라의 모든 가정에 영향을 미친다는 점만으로도 각별히 중요하다.

중간계급은 다양하지만 수가 아주 많지는 않다. 아래 표는 1975년 미국의 자영 활동 인구를 분류하고 있다.

이 표는 매우 다양한 활동들을 포함하고 있다. 표에 등장하는 두 집단은 일부 대자본가도 포함하고 있다. 그럼에도 자영업자는 기본적으로 중소 규모 농민이나 소사업주(소규모 소매점이나 미용실 · 이발소 · 세탁소 · 장의사 등의 서비스업) 또는 전문 직업인(변호사 · 의사 · 회계사)을 가리킨다.

소사업은 쇼핑 센터, 대규모 소매 체인점, 드라이 클리닝과 자동차 수리 같은 서비스 체인이 도처에 생겨나면서 매우 불안정해졌다. 대자본이 대규모로 소매 · 서비스업에 진출하면서 빈약한 수단을 가진 상인들은 심각한 문제가 생겼다. 그 결과 소상인들은 대기업의 먹이가 되고 있지만, 그래도 여전히 소매 · 서비스업자들은 잉여가치를 나눠 가지는 집단에 속한다. 소매업자는 자신들의 이윤 폭, 즉 자신들의 잉여가치 지분을 맹렬히 지킬 때만 노동자 소비자를 상대로 이득을 본다. 반면, 노동자 소비자는 어떤 종류의 잉여가치(산업이윤과 상업이윤 등)가 됐든 감소시키는 것이 이익이다. 그렇게 함으로써 더 많은 잉여가치를 감소시키고 착취를 완

농업 자영업자	1.7
비농업자영업자	5.6
합계	7.3

출처 : 대통령 고용 · 훈련 보고서(Washigton D.C. : Government Printing Office, 1976)
단위 : 백만 명

화할 수 있기 때문이다. 그 때문에 계급으로서 소매·서비스업자들은 근본적으로 노동자들의 반자본주의 투쟁에 동맹자가 될 수 없다. 기껏해야 반자본주의 투쟁의 전술적 차원에서 소사업자와 대자본 사이의 부차적 대립을 이용하는 데 관심을 가질 수는 있다. 물론 파산해 "프롤레타리아로 전락"하는 소매업자들에게는 부차적 대립이 **주요한** 대립으로 바뀔 수도 있다는 점을 유의해야 한다.

중소 농민은 더는 영농을 할 수 없는 사람들이 프롤레타리아로 전락하면서 인구가 급격히 줄었지만, 더는 줄지 않을 것이고 여전히 인구가 많은 집단이다. 1950년부터 1969년까지 20년도 안 되는 기간에 미국의 농가 수는 절반으로 — 5백40만에서 2백70만으로 — 줄었다. 이것은 농업 활동이 감소했기 때문이 아니라, 미국의 농업이 급속하게 대규모 자본가 기업에 집중됐기 때문이다. 그 결과 1969년 미국에서는 2퍼센트를 조금 넘는 농가가 2천 에이커 이상의 농지를 보유했다. 이와는 아주 대조적으로, 농가의 23퍼센트가 50에이커 이하를, 17퍼센트가 50에서 99에이커 사이의 농지를 각각 보유했다. 이 두 집단을 합한 40퍼센트의 농가가 각각 1백에이커 미만을 경작하고 있던 셈인데, 이것은 전 농지의 5퍼센트도 안 되는 면적이었다. 1970년과 1971년 사이에 프랑스에는 1백60만 조금 안 되는 수의 농가가 있었는데, 이 중 70퍼센트는 20헥타르 미만이었고, 22퍼센트가 20헥타르에서 50헥타르 사이의 토지를 가지고 있었다.

소규모 농민들은 상품 생산자들이지만, 자본주의 생산양식의 지배를 직접 받는 것은 아니다. 농민은 생산수단을 소유한다. 그러나 마르크스가 지적했듯이 "생산수단은…… 오로지 노동과 만나는 한에서만…… 자본이 된다."[16] 반면, 농민의 경우에는 스스로 노동을 한다. 마르크스는 농민이 오로지 생산수단을 소유한 덕분에 자신의 잉여노동을 가질 수 있다는 점에서 스스로 잉여가치를 창출하고 전유한다고 생각했다. 그러나 분명 마르크스의 설명은 대부분의 농민이 토지와 노동 도구를 빼면 거의 아무것도 사지 않고 스스로 모든 것을 만들던 시대에 기초하고 있다. 오늘날 농민들 대부분은 동력(견인용 동물)이나 씨앗, 연장, 기타 보조 자재를 직접 만들지 않는다. 농민은 실제 생산에 들어가기 전에 필요한 모든 것을 시장에서 사며, 생산을 통해 수확한 모든 것을 시장에 내다 판다. 생산에 필요한 자재 시장은 농기계 독점기업, 비료와 화학약품 독점기업 등이 지배하며, 농산물 시장은 대부분의 농산물 가격을 고정시키거나 감독하는 독점국가가 지배한다. 이렇듯 이중으로 짓눌리는 오늘날 소규모 농민은 어떤 점에서는, 독점기업이나 다름없는 집합적 사용자를 위해 일하는 일종의 자가 '노동자'가 됐다. 농민이 자신의 잉여노동을 소유하는지 아니면 체제가 빼앗아 가는지는 아직까지 의문으로 남아 있다.

어느 경우든 상관 없이 세계적으로 많은 농민들은 자신들의 지위를 폭넓게 자각하고 노동자 계급에 대한 강한 연대감 속에서 자본주의에 반대해 계급으로서 격렬하고 단호하게 투쟁할 수 있음을 보여 줬다.

한 사회 내부의 상황과 관련한 우리의 간략한 계급 분석은 전 세계로 확산되고 있는 관계들에도 유효하다. 어디에서든 독점자본의 발전을 낳는 다국적기업들은 지구상의 모든 곳에서 똑같은 방식으로 행동한다. 미국 노동자들에게 우호적이지 않은 제너럴 일렉트릭은 한국이나 브라질 또는 그 밖의 많은 나라 노동자들에게도 우호적이지 않을 것이다. 북미에서 맹렬하게 이윤을 추구하는 체이스 맨해튼 은행은 유럽이나 아시아, 아프리카, 남미에서도 똑같이 행동할 것이다. 어디에서든 노동자들이 자본의 착취에 대항해 투쟁하는 것 외에는 달리 의지할 수단이 없음은 분명하다. 독점자본의 발전 자체가 갈수록 노동자들로 하여금 이런 투쟁의 필요를 자각하게 만들 수밖에 없다는 것도 분명하다.

지면이 부족한 탓에 여기서 국제주의를 충분히 논의할 수 없겠지만 다루지 않고 넘어갈 수는 없다. 독자들이 단지 국경 안에만 제한돼 있는 자본주의 사회를 상상하도록 놔두는 것은 진실을 기만하는 것이다. 일국적 현실은 존재한다. 그것은 단지 공허한 개념만은 아니다. 그럼에도 일국적 현실을 뛰어넘는 국제적 계급 분화는 모든 국경을 초월해 자본주의 세계 전체로 확산됐다.

자본의 독점화 증대는 보편적 현상이며, 어디에서든 똑같은 방법으로 달성된다. 지구상의 어디에서든 독점자본주의의 근본적 이익과 목적은 똑같다. 독점자본의 국제적 제휴는 과거에는 더디게 진행됐지만 최근에는 흔한 일이 됐고 형태도 다양해졌다. 프랑스의 주요 은행들은 다른 자본주의 나라의 거대 은행들과 국제적인 제휴를 시작했다. (프랑스의 크레디 리오네 은행이 독일에서는 코메르츠 은행으로 불린다는 점을 참고하라.) 1972년에 프랑스 제1의 은행인 파리 에 레 페이바 금융회사는 영국의 한 거대 은행과 중요한 제휴를 시작했다. 어떤 나라에서든 대자본가 계급(이미 독점을 성취했거나 성취하기 위해 분투하는)은 국가간 차이를 없앨 국제 질서 수립을 열망한다. 대자본가 계급은 서로 대립하지만 그럼에도 자신들의 주된 목적을 이루는 데 없어서는 안 되는 연합을 추구하는 **국제 부르주아지**가 돼 가고 있다. 소위 제3세계의 거의 모든 나라에서 이 제국주의적 국제 부르주아지는, 제국주의와 협력함으로써만 자국의 노동자들을 복종하게 만들고 착취할 수 있는 현지 부르주아지나 특권적 상인·관료 집단을 하위 제휴자로 삼는다.

국제 부르주아지의 확대는 그들을 위해 잉여가치를 생산하는 모든 사람들도 국제화시킨다. 그 결과 **국제 프롤레타리아**로 규정할 수 있는 집단이 성장한다. 국제 프롤레타리아는 세계 어느 곳에 있더라도 자본 축적에 기여하는 사람들을 하나로 만든다. 디트로이트의 자동차 노동자와 아프리카의 커피나 땅콩 재배자를 국제 프롤레타리아라는 똑같은 범주에 포함하는 것을 의외로 여길지도 모르겠다. 그러나 둘 모두 독점자본이 지배하는 세계 시장 구조 내에서 자본의 확대 재생산에 기여한다. 비록 전자는 직접 잉여가치를 생산하고 후자는 부등가 교환 등의 수단을 통해 착취당할지라도 마찬가지다. 아프리카나 아시아의 농업 노동자들이 자신들을 먹여 살릴 만큼 충분히 생산하지 못하는 농장이나 토지에서 쫓겨나 몇 주 만에 유럽의 어느 컨베이어 벨트 앞에서 일하는 노동자로 변신하게 될 때는 국제 프롤레타리아로서 동질성을 확인하게 되지 않겠는가?

국제 부르주아지와 국제 프롤레타리아라는 개념이 생겨나면서 노동자들은 국제적 연대를 자각해 나가고 있다. 노동조합들이 조직적 차원에서뿐 아니라 투쟁을 국제적으로 조정함으로써 이런 연대를 표현한 경우가 너댓 번 있었다. 1972년 10월 프랑스의 한 유력 자유주의 일간지는 프랑스의 어떤 파업이 외국 프롤레타리아의 지지 덕분에 국제적으로 중요해졌다고 헤드라인에서 주장했다. 유럽 나라들에서 이주 노동자와 토착 노동자 사이의 연대가 커진 것도 이런 추세를 표현하고 있다. 그 밖의 나라들에서도 다양한 방식으로 이런 연대가 표현되고 있다. 그러나 우리는 여전히 아주 많은 노력을 해야만 진정한 국제 프롤레타리아 의식이 생겨날 수 있다는 점을 이해해야 한다.

12장
일반적 소외 : 갈수록 불합리해지는 체제

마르크스는 이렇게 썼다. “개인들 사이의 사회관계를 물건들 사이의 사회관계라는 왜곡된 형태로 나타나게 하는 것은 교환가치를 전제로 하는 노동의 특징이다.”[17] 시장에서 상품 A와 상품 B를 교환하는 순간부터 이 두 상품이 주인공으로 등장한다. 물건들 간의 관계가 그 각각의 상품을 생산한 사람들 간의 사회관계를 가리게 되는 것이다. 이런 물건들, 즉 객체들 사이의 관계는 극단적이고 신비화한 형태를 취한다. 상품은 ‘물신(物神)’적 성격을 띠면서 그것을 생산한 노동자들과 생산 조건과는 무관한 존재라는 그릇된 느낌을 준다.

이런 ‘상품 물신 숭배’는 곧바로 화폐 물신 숭배를 낳는다. 화폐는 특수한 상품, 즉 일반적 등가물이기 때문이다. 화폐가 없으면 교환 자체가 이뤄질 수 없다. 따라서 화폐 물신 숭배는 상품 물신 숭배의 좀 더 고차적이고 좀 더 추상적인 형태에 지나지 않는다. 마르크스에 따르면, 생산이 더 완벽한 상품 생산으로 바뀌면 바뀔수록 생산자들은 상인이 될 필요가 있고 상인이 되기를 바란다. 생산과 서비스 — 생산자가 제공할 수밖에 없는 유일한 상품이 서비스일 때 — 에 필요한 화폐를 손에 넣기 위해서다. 그렇게 되는 순간부터 **돈벌이**는 모든 활동의 궁극 목표가 된다. 일찍이 1861년에 마르크스는 자본주의 체제에서 돈은 나방이 촛불에 달려들듯이 사람들이 달려드는 횃불이 된다는 사실을 이해했다. 우리 시대에는 누구나 이런 생각에 공감한다.

화폐 물신 숭배는 자연히 우리를 **소외**라는 현상으로 이끈다. 마르크스가 교환가치에 기초한 생산양식이 "개인을 자신과 타인에게서 소외시키지만, 동시에 처음으로 개인의 관계와 구실에 일반적이고 보편적인 성격을 부여했다"[18]고 했던 점에 바탕을 두면 소외라는 개념을 더 쉽게 파악할 수 있다. 마르크스는 소외를 경제 영역에서부터 이데올로기 · 정치 영역까지 망라하는 현상으로 포괄해 설명했다.

그러나 마르크스가 임금 노동자의 근본적 소외에 가장 깊은 관심을 기울인 것은 분명하다. 이 점에서 '소외'라는 용어의 뜻은 '착취' · '억압'과 거리가 멀지 않다. 그러기는커녕 소외는 뜻이 더 풍부해지면서 '강탈'이나 '약탈', '박탈' 같은 낱말이 주는 특별한 느낌까지 더하게 됐다. 임금 노동자들은 생산수단을 박탈당한다. 임금 노동자들이 사용하는 생산수단은 그들의 노동력을 사는 자본가의 재산이다. 임금 노동자들은 자신들의 노동으로 만든 생산물을 강탈당한다. 임금 노동자들이 생산하거나 생산하고 싶어 하는 물건들은 결코 노동자들의 재산이 아니기 때문이다. 임금 노동자들은 자신들의 노동으로 만들어 낸 가치의 일부를 빼앗긴다. 자본에게 임금 노동자들의 잉여노동은 잉여가치로만 보인다. 심지어 임금 노동자들은 노동조건과도 격리당한다. 왜냐하면,

> 노동은 하나의 총체 — 온갖 노동의 조합 — 다. 이 총체의 개별 성분들은 서로 이질적이다. 그 때문에 총노동은 개별 노동자들이 이뤄 낸 것이 아니며, 노동자들의 생산은 노동자들 스스로 조정할 수 없는 강제적 노력들을 조합함으로써 구성한 총체에 지나지 않는다. 노동은 이질적 의지와 이질적 지능을 이 조합에 제공한다. 그러나 이 조합을 통제하는 것은 이질적 의지와 지능이다.[19]

대량생산과 분업으로 이뤄지는 산업 체제에서 로봇 노동자라는 말보다 더 적절한 표현은 없다. 노동자들은 전적으로 소외당한다. 자본가들은 노동자 자체가 아닌 노동력에만 관심이 있기 때문에, 노동자들은 이 노동력을 다른 상품들처럼 팔아 버린다. 그 결과 노동자들은 자본가들이 사용하는 연료나 전기처럼 무기력하고 개성 없는 '에너지원'에 지나지 않게 된다. 그러나 노동자들은 한 가

지 점에서 다른 에너지원과 구별된다. 이 에너지원은 지능이 있다는 것이다. 따라서 두뇌의 명령을 받는 노동자의 손은 무엇으로도 대체할 수 없는 훌륭한 도구다. 노동자는 가장 육체적이고 반복적인 작업을 할 때조차도 어딘가 이상이 생기면 대응을 한다. 게다가 더더욱 불가피하게도 인간인 노동자는 소외를 자각하고 소외에 저항함으로써 노동자가 언제까지나 자본가가 바라는 단순한 에너지원은 아니라는 점을 자본가에게 보여 주게 된다.

이런 소외를 **하부구조적** 소외로 표현할 수 있다. 이런 소외는 자본주의 생산양식을 이루는 경제적 하부구조 차원에서 일어나며 자본주의 생산양식 자체와 역사적으로 똑같은 시기에 생겨났기 때문이다. 이런 소외 때문에 공장 작업의 분업 증대, 비인간적 노동 강도, 그리고 일반으로 노동자를 기계와 다름없이 취급하는 작업 조직에 대한 격렬한 저항이 일어났다.

그러나 특히 오늘날 자본주의의 소외는 하부구조 — 즉 어찌 됐든 당장의 생산 — 에서만 일어나는 것이 아니다. 몇몇 글에서 마르크스는 자본주의 체제에서 여가시간과 노동시간을 대비하는 듯하다. 마르크스는 마치 여가시간이 노동자들에게 탈출하고 개성을 계발할 기회를 주는 것처럼 서술했다. 비교적 최근까지만 해도 자본주의 생산관계가 공장 문 밖으로 연장되지는 않았고, 그 때문에 공장 문 밖에서는 노동자들이 자유롭다고 느낀 것이 사실이다. 노동자들은 생계 수단의 상당 부분을 비자본주의 영역에서 구했다.

노동자 개인의 집뜰은 일부 식품을 공급하고 개인 시간을 즐길 수 있게 해 주는 이점이 있었다. 노동자들은 여가 활동이 오늘날보다 훨씬 적었지만 더 친밀한 인간 관계 속에서 더 만족스러운 취미 생활을 즐겼다.

그러나 특히 제2차세계대전 이후로 자본주의 생산관계는 계약상의 노동시간인 하루 8시간 동안만 노동자들을 지배한 것이 아니다. 그러기는커녕 연장된 자본주의 생산관계가 노동자들을 24시간 내내 지배하게 됐음은 길게 설명할 필요가 없다. 노동자가 기본적으로 생산자로서 당하는 소외에 소비자로서 당하는 소외가 더해졌고, 시민으로서 당하는 소외 — 국가가 만들어 내는 소외 — 는 더더욱 참기 힘든 소외가 되고 있다. 요컨대, 자본주의는 단순한 생산양식이 아니라, 생활양식과 밀접하고 불가분하게 연결된 생산양식이 됐다.

이렇게 된 데는 기본적으로 경제적 이유가 있다. 이윤율 저하 경향과 힘겨운 투쟁을 벌이는 독점자본가들은 무슨 일을 해서라도 되도록 급속한 자본 축적률을 유지해야 한다. 독점자본가들은 이윤을 낳을 수 있는 영역이라면 무엇이든 그냥 방치해 두지 않는다.

이윤율을 유지하기 어려울 때는 이윤의 총량을 늘리기 위해 과거에는 뚫고 들어간 적이 없는 어떤 영역에라도 뛰어들 필요가 있다. 그래서 가정 생활에 침입하고, 자본의 확대 재생산에 기여하는 물건이나 서비스를 필수품으로 포장하며, 그런 상품에 대한 수요가 너무 적을 경우 새로운 수요를 창조해 낸다. 독점자본주의에서 끊임없는 소비 증대에 기초한 생산력 발전은 선택의 문제가 아니라 절대적인 경제적 명령이다. 우리는 생활양식의 파괴와 궁극으로 문명의 파괴를 목격하고 있다. 이것은 어떤 점에서도 독립적이거나 자연스러운 문화 발전이 아니다. 이것은 자본주의 생산양식의 역사적 발전에서 비롯한 직접적 결과다. 그럼에도 인간과 상품의 관계가 인간 대 인간의 관계를 급속하게 대체하고 있다는 것, 즉 마르크스의 단순하고 소름끼치는 표현을 빌자면 "상품이 사람을 구매하는 자로 등장한다"는 것 또한 사실이다.

새로운 자본주의는 훨씬 더 많은 자본을 비대해진 제3부문과 그 밖의 기생적 활동을 위한 노동력을 사는 데 투자할 때만 영속할 수 있다는 점에서 정말로 상품이 사람을 산다. 역설적이게도 갈수록 불합리해지고 있는 내적 논리가 이런 상황을 낳는다. 우리가 살펴봤듯이, 유통 부문과 특히 제3부문에 쓰는 재원은 체제의 부당한 비용 — 생산적 부문과는 달리 잉여가치를 창출하지 않는 부수비용 — 에 지나지 않는다. 그런데도 경쟁이 치열해지는 상황에서 이 부당한 비용은 갈수록 불가피해지고 있다. 이 비용은 생산에 투자한 자본의 순환을 가속함으로써 일정 기간에 생산되는 잉여가치 총량 — 결국 이런 활동에 소비하는 잉여가치의 양보다 더 큰 — 을 증대시키는 데 간접적으로 기여하기 때문이다. 그 결과 이윤율 하락이 억제된다.

이런 식으로 소비자 사회에서는 점점 늘어나는 유휴 노동력과 자본을 더 유용한 상품 생산이 아닌, 가치가 의심스러운 보조 활동에 돌린다. 이런 보조 활동이 유용한 것이든 그렇지 않든 간에 유일한 목적은 생산된 다량의 소비재를 활발하게 유통시키는 데 있다. 이런 활동은 상품에 들어 있는 잉여가치 실현을 가속함으로써 이윤을 늘린다. 이윤을 위한 생산 체제는 더욱더 많은 노동자들과 자본을 생산이 아닌 무가치한 활동에 돌리지 않을 수 없다. 반면, 도시와 농촌 재개발, 환경, 교육, 문화, 보건, 체육 등 대개 사회적으로 쓸모 있지만 수익성은 없는 영역들에서는 거대한 잠재력 — 그리고 매우 필요한 생산 — 이 무시된다. 그 결과 불합리가 승리하고 사회의 생명력은 낭비된다.

결국 가장 의식이 뒤지는 사람들조차도 얼마간 이런 낭비를 깨닫게 된다. TV 프로그램이 시작하고 끝날 때마다 주부들이 작은 화면에 등장해 흔히 이름만 다른 세제들을 잇달아 찬양한다. 매우 옳게도 사람들은 이렇게 생각하기 시작한다. '이 많은 세제를 다 사야 한다는 거야?' 좀 더 깊이 생각해 본 끝에 사람들은 거대한 낭비를 자각하게 된다. 사람들은 광고 없이도 특정 용도에 맞는 단 하나의 — 가장 싸고 좋은 — 세제만을 사용할 수 있는 사회를 상상하기 시작한다.

기생적 활동은 진정으로 생산적인 활동에 심각한 해를 끼친다. 새로운 필요를 인위적으로 만들어 낸다. 기존의 필요에서부터 새로운 형태의 제품에 이르기까지 끊임없는 변화를 고무한다. 소비재의 생산 중단은 계획을 통해 미리 결정된다. 그 결과 지금껏 완벽한 만족을 준 제품이 갑자기 새로 광고되는 제품 — 그러나 실제로는 장식과 장치만을 바꾼 제품 — 에 비해 결함 있고 시대에 뒤진 제품으로 보인다. 그러나 신제품을 생산함으로써 공장에 새로운 공작기계가 설치되고 설비와 생산라인이 개조된다. 총이윤이 증가하면서 국민총생산도 증가하겠지만, 이 모든 것이 국민 행복의 총량에 무슨 영향을 미치겠는가?

소비자 자본주의는 소비자의 개인 생활을 끊임없이 침해한다. 그러나 소비자 자신이 그것을 원하는 것처럼 가장할 때만 소비자 자본주의는 성공할 수 있다. 소비자 자본주의 체제는 소비자들의 의식을 침해할 때만 소비자의 지갑을 열 수 있다. 이를 위해 새로운 이데올로기를 만들어 낼 필요가 있다고 말하는 것은 과장일 수도 있지만, 적어도 소비자들이 자신의 운명을 능동적으로 받아들일 수 있게 하는 정신적 반응을 일으키는 것은 필요하다. 소비자들은 마음껏 자유를 누릴 수 있어서 두뇌를 최소한으로 사용해도 자유를 행사할 수 있다. 그 결과 소비자들은 스무 가지나 서른 가지 비누 중에서 고르기만 하면 된다. 똑같은 장점과 성능을 지닌 열 가지나 열다섯 가지 승용차 중에서 고르기만 하면 된다. 정치적이거나 상업적인 설문에 대해서는 두세 가지 간단한 답변 중에서 고르기만 하면 된다. 비용과 일정이 고정돼 있는 50가지 휴가 상품

중에서 고르기만 하면 된다. 대통령 선거에서는 A 후보와 B 후보 중에서 고르기만 하면 된다. 이런 식의 거짓 자유를 행사할 기회는 수없이 계속된다. 자유는 강요된 대안들 사이의 선택 문제로 전락했다. 이치를 따지는 것, 곰곰이 생각하는 것, 상상력을 발휘하는 것은 금지된다. 단지 룰렛 플레이어처럼 빨간색과 검은색 중에서 자유로이 선택할 자격이 있을 따름이다.

자유를 회복했으므로 이제 행복을 돌려받을 차례다. 그러나 이 행복은 앞에서 언급했던 모호한 개념의 행복이 아니다. 전례 없이 다양하고 편리한 소비재와 서비스가 전례 없이 대량으로 시장에 출현한 것에서 알 수 있듯이, 그 행복은 구체적이고 실속 있는 행복이다. 그 결과 경제 성장은 숭배의 대상이 돼 연대감을 대체하고 문명과 진보의 척도가 된다. 나라가 번영하면 마땅히 모든 시민들이 골고루 혜택을 보게 된다는 생각이 당연하게 받아들여진다.

이 밖에도 예를 들자면 끝이 없다. 그러나 강조하고 싶은 것은 모든 시민들 — 독점자본주의와 같은 말인 소비자 자본주의의 확대에 꼭 필요한 고객들이기도 하다 — 에 대한 이데올로기적 · 정치적 조작이다. 최근까지만 해도 상상할 수 없었던 양적 · 질적 수준에서 행해지고 있는 이런 조작은 앞에서 설명했던 하부구조적 소외와 대비해 **상부구조적** 소외로 부를 수 있는 유형의 소외를 만들어 내고 있다. 이런 소외는 인간의 의식, 감정, 관습, 사고 구조에 영향을 미치고, 인간의 권리와 역할을 바꾼다. 마침내 이런 소외는 사람들이 자신의 삶에 부여하고 싶어 하는 방향과 의미 전체를 바꾼다.

왜곡 전문가인 자본가 국가의 임무는 선전 수단을 이용해, 소외된 시민들이 과거 어느 때보다도 자유로운 사회에 살고 있는 자유로운 시민들이라고 믿게 하는 데 있다. 자본가 국가는 권력이 독점자본과 독점국가의 손에 집중해 있는데도 소위 참여의 정치를 통해 누구든지 결정에 참여할 수 있다고 믿게 해야 한다. 경제 성장의 결과 대자본의 몫이 늘어나면, 노동자들이 노동의 열매를 가질 수 있다고 믿게 함으로써 얻는 이익도 늘어난다. 독점자본주의에서 부르주아 민주주의 국가 내부의 근본적 모순은 깊어지고 있다. 국가는 자유를 말해야 하지만, 동시에 더 많은 자본 축적을 위해 자유를 종식시킬 필요가 있다. 국가는 국민의 권력을 외쳐야 하지만, 동시에 기만적 선거에 의존한다. 불균등 발전이 자본주의의 법칙이고 독점기업을 위해 권력을 행사하려면 더욱더 중앙집권적인 국가가 필요한데도, 국가는 대자본의 권력을 유지하기 위해 지방자치를 떠벌려야 한다. 국가는 조화로운 발전을 주도하며 자연 환경을 보호하는 것처럼 비쳐야 하지만, 실제로는 이윤의 극대화와 상품 시장의 독재 때문에 무모한 도시화, 공해의 확산 등을 유발한다.

억압 · 조작 · 기만 · 선전의 물결은 시민이자 생산자이자 소비자들을 바람에 날리는 짚처럼 이리저리 휩쓸리게 하지만, 사람들의 반응은 모호하며 심지어 모순적이다. 한편으로, 흔히 자발적으로 사람들은 일종의 수동적 위안을 주는 상부구조적 소외의 제물이 된다. 다른 한편으로, 상부구조적 소외는 아무리 사람들을 혼란에 빠뜨린다 해도 결국 사람들을 질식시키고 불구로 만든다. 바보 같은 TV 광고를 보고 '이 많은 세제를 다 사야 한다는 거야?' 하고 반발하던 사람이라도 어느 날 광고를 못 보게 된다면 박탈감을 느낄 수도 있다. 그것은 우리가 익숙해진 하루분의 독약이다. 자동차 문명을 비판하는 사람이라도 자가용 앞에서는 고개를 숙인다. 사실, 대중 교통을 잘 갖추지 않은 나라에서 자가용 없이 지내는 것은 쉽지 않기 때문이다. 이런 사람이라도 차에 앉아 있을 때, 소외된 사람들이 자기에게 보이는 반응에 스스로 놀랄 수 있다.

모든 개인의 생활에 일상으로 영향을 미치는 이런 상부구조적 소외들은 굴복이냐 저항이냐 하는 모순을 낳는다. 둘 가운데 어느 요소가 지배적인지는 상황에 따라 개인에 따라 변한다. 그러나 모든 곳에서 저항이 커지고 있다는 것은 분명하다. 저항은 갈수록 전투적이고 때로는 폭력적으로 표출되고 있으며, 집단적 투쟁으로 이어지고 있다. 동시에 폭력적인 국가가 억압에서 잔혹한 탄압으로 전환하는 것은 순식간이다.

국가의 가장 확실한 무기는 소위 법과 질서라는 곤봉이다. 국가에게 경찰력은 갑옷과 같다. 그러나 경찰은 놀라울 정도로 늘어나고 있는 비행과 범죄, 사회적 분열, 사회가 인류의 재앙을 향한

길에 접어들었을 수도 있다는 의식의 태동을 저지할 수 없다. 한편, 과학자들은 놀라운 일을 이룩하고 있다. 그 결과 인간은 자연의 주인이자 통제자임을 더욱 절감하고 있지만, 그 통제자들은 자기 생활에 대한 통제력은 상실했다.

앞장에서 우리는 생산관계에서 차지하는 위치에 따라 사회계급들을 분석했다. 이런 분석은 여전히 근본적이지만, 보충이 필요하다. 소위 상부구조적 소외는 체제에 도전하고 자본주의에 반대해 투쟁할 동기를 점점 더 많이 부여하고 있다.

이런 동기와 노동 착취가 낳는 투쟁의 동기는 서로 영향을 준다. 소비자 사회의 유혹과 신비화에 저항하는 생산적 노동자는 작업장에서도 전투적일 수 있다. 전체 사회가 잘못됐음을 이해하면 노동 착취도 더 잘 자각하게 되며, 그 역도 마찬가지다. 개인이 아닌 사회계급들과 집단들을 살펴보면 이 점이 더 확실하게 드러난다. 이미 우리는 물질적 착취에 대항하는 투쟁과 권위주의에 맞서는 반란이 불가피하게 결합돼 일어난 저항 행동들을 살펴본 바 있다. 이것은 포괄적 분석의 중요성을 밝히 드러낸다. 이것은 정치교육도 마찬가지로 중요함을 보여 준다. 의식이 자생적으로 발전하는 일은 좀처럼 드물기 때문이다. 최근 들어 새로운 현상이 나타났다. 이제까지는 노동에 대한 자본주의의 착취에 대항해 투쟁할 필요를 충분히 느끼지 못했던 개인들과 사회집단들이 상부구조의 소외 때문에 자본주의에 반대하는 태도를 지니게 된 것이다. 상부구조의 소외는 온갖 형태로 사회 구조 전체에 파고들었다. 이 때문에 특히 상부구조의 소외를 강하게 느끼는 집단들이 반자본주의 진영에 가세하고 있고, 이미 반자본주의 투쟁에 참여한 그 밖의 계급 · 집단들도 강화되고 있다. 그런 결과를 과장해서는 안 되겠지만, 소규모 증원 부대가 때때로 세력 균형을 뒤집을 수 있다는 사실을 간과하는 것은 잘못일 것이다.

13장
맺음말

지금까지 살펴본 몇 가지 일반적 원리와 추론들을 모아 보자. 우리가 지금까지 해 온 관찰은 우리의 생각에 구체적 예를 제공하기에 충분하다.

우리는 지금까지 이 세상의 모든 것, 즉 자연과 사회의 **모든 것은 운동**이고 변화이며 끊임없는 변모임을 봐 왔다. 노예제는 봉건제를 낳았고, 봉건 사회는 자본주의를 발생시켰다. 생산력은 다양한 속도로 발전하며 언제나 운동한다. 비록 자본주의는 그 본질적 성격은 변하지 않는다 하더라도, 과학과 기술의 진보라든지 노동자 계급의 저항 등의 영향으로 끊임없이 그 외형을 바꾸고 있다. 우리는 지금 새로운 생산양식과 새로운 사회로 자본주의를 대체하는 것이 가장 큰 시대적 과제가 되고 있는 역사적 시대에 살고 있다.

어떤 실제적 결론을 끌어낼 수 있을까? 모든 사물을 대할 때 우리는 언제나 이 운동을 깨달으려 해야 하고, 어떤 주어진 순간에 무엇이 쇠퇴하고 있으며 혹시 사라질지도 모르는 것인지, 반대로 무엇이 발전하고 있으며 어쩌면 새로 생겨날지도 모르는 것인지를 깨달으려 애써야 한다. 실제로는 바야흐로 사라지기 직전인 것이 여전히 전능한 것처럼 보일 수도 있고, 발전해 가고 있는 것이 별 것 아닌 것으로 보일 수도 있고 심지어는 아예 눈에 띄지 않을 수도 있다. 그러나 중요한 것은 새로 태어나려 하거나 성장하고 있는 것이지, 쇠약해지고 종말에 가까이 있는 것이 아니다.

조금 더 깊이 파고 들어가 보면, 세계 — 또는 사회 — 는 여러 구성 부분들이 서로 밀접하게 영향을 미치고 있는 하나의 전체임을 알게 된다. 관찰할 수 있는 어떤 현상도 다른 현상으로부터 고립돼 있거나 독립해 있지 않다. 오히려 모든 것은 서로 연관돼 있고 상호 작용한다. 그러므로, 우리가 앞에서 봤듯이, 과학과 기술의 진보가 생산성 증대를 가져오고, 이 생산성 증대는 자본가들이 잉여가치를 증대시키는 주된 수단의 하나가 되는 것이다. 하지만 얼핏 봐서는, 과학의 진보와 잉여가치 사이에 대체 어떤 관계가 있는 것으로 여기겠는가? 과학의 진보와 그 기술적 응용이 잉여가치에 미친 영향은 예측하기가 쉽지 않았다. 잉여가치의 증대에 미친 이 영향은 게다가 역으로 과학적 연구를 확대하는 결과를 낳았는데, 특히 상대적 잉여가치를 증대하는 기술 혁신을 낳는 분야에서 그랬다.

이와 같이 운동과 변화, 상호 연관과 상호 작용으로 현상을 보는 방법을 **변증법** 또는 변증법적 방법이라 한다. 이것은 우리가 살고 있는 사회의 본질과 역학을 분석할 수 있는 유일한 방법이다.

운동과 변화, 상호 연관과 상호 작용이 변증법의 전부는 아니다. 자연과 사회의 끊임없는 변화와 운동은 규칙적이거나 기계적인 것이 아니다. 물을 그릇에 담아 불 위에 올려놓으면, 그 온도는 20℃에서 99℃까지 급속히 올라간다. 물의 온도에는 상당한 **양적 변화**가 일어났다. 그러나 99℃에서도 물은 여전히 물이다. 즉, 액체 상태다. 그러나 그 과정이 100℃까지 계속되면 물은 수증기로 바뀌는 급작스런 상태 변화가 일어난다. 이 지점에서는 이전까지 누적된 양적 변화의 결과로 **질적 변화**가 일어난다.

마찬가지로, 앞에서 논의한 자본의 시초 축적은 하루아침에 이뤄지는 것이 아니다. 상당히 오랜 기간에 걸쳐서 자본은 소수의 손에 축적되고 주로 양적 변화가 진행되긴 했지만, 오랫동안 새로운 생산양식이 발생하지는 않았다. 자본은 존재했지만 자본주의 사회는 아직 존재하지 않았다. 축적이 일정한 양적 수준에 이르렀을 때에야 비로소 새로운 자본은 낡은 방식(토지 임대나 고리대금 또는 상업)이 아닌 새로운 방식, 즉 생산수단의 대규모 구입에 투자될 수 있었다. 자본이 제조업에 투자되기 시작해 산업자본이 됐다. 봉건제는 자본주의 생산양식에 밀려나게 됐고, 사회의 본질에도 근본적인 질적 변화가 일어났다.

이 경우, 질적으로 새로운 것으로의 전환은 점진적으로 일어났다. 그러나 1789년 프랑스 부르주아 혁명이나 1917년 10월 러시아 사회주의 혁명처럼 질적 변화가 매우 급속하게 일어난 경우도 있다. 그렇다면 변화는 **비약적으로** 진행된다고 말할 수도 있을 것이다. 그러나 이러한 비약은 반드시 양적 변화가 지속적 · 점진적으로 축적된 뒤에야 일어난다. 양적 변화에서 질적 변화로의 전환은 다른 모든 원리들과 마찬가지로 실제 세계에 대한 면밀한 연구를 통해 발견한 변증법적 원리들 가운데 하나다.

아마도 변증법의 가장 근본적인 원리라고 할 수 있는 또 다른 원리는 모든 시대 모든 장소에, 세계와 사회에 **모순**이 존재한다는 것이다. 예를 들어, 앞에서 우리는 생산력 발전의 현수준과 자본주의 생산관계 사이의 모순이라든지 자본과 노동 사이의 모순, 더 정확히 말하면 자본가 계급과 노동자 계급 사이의 모순 등을 살펴봤다. 그 밖에도 많은 모순들을 살펴봤는데, 지금부터 **모순은 보편적**이라는 명제를 생각해 보자. 모순을 어떻게 정의할 수 있을까? 첫째로, 그것은 사물의 본질 자체에 내재한다. 끓는 물의 예를 다시 생각해 보자. 과학자들은 물 분자 안에는 응집력과 분산력이라는 서로 모순되는 **내부적** 힘이 있다고 설명한다. 이 두 힘은 물의 온도가 0℃와 100℃ 사이일 때는 눈에 띄지 않은 채로 존재한다. **외부적** 현상(가열)에 의해 온도가 100℃ 이상으로 올라가면, 물의 본성은 변하지 않지만 응집력과 분산력이라는 내부의 두 힘 사이의 균형이 깨지고, 그리하여 물은 (액체에서 기체로) 그 상태가 변한다.

마찬가지로, 자본가 계급과 노동자 계급 사이의 모순은 자본주의 생산양식의 본질에 내재해 있다. 만약 이 모순이 존재하지 않는다면 자본주의 생산양식도 존재하지 않을 것이다. 하나가 없으면 다른 하나도 존재할 수 없는 모순의 두 가지 요소 사이에 필연적인 **통일**이 존재한다. 자본주의 사회에서 자본가가 없는 노동자를 생각할 수 없고, 노동자가 없는 자본가를 생각할 수도 없다. 이 두 가지 모순된 요소들 간의 기본적 대립이 바로 둘을 통일시키고 모순 자체를 규정한다. 그런데 대립물들 사이의 투쟁은 진공 속에서 일어나지 않는다. 자연에서와 마찬가지로 사회에서도 외부의 사건들은 대립물의 어느 한 쪽에 유리하게 작용할 수 있다. 외부의 요인들(기술 진보, 전쟁 등)이 자본가와 노동자 간의 모순에 영향을 미쳐 어떤 때는 자본가가 완전히 우위에 서는가 하면, 또 어떤 때는 노동자가 유리하게 된다. 모순의 두 요소 사이의 갈등은 언제나 존재하지만, 그들 사이의 힘의 관계는 끊임없이 변한다. 그러므로, 특정 시기에 어느 쪽이 모순의 **주된 요소**인지를 결정하는 것은 대단히 중요하다.

우리는 또한 모든 현상이 자체의 모순을 가지고 있고 이것은 다른 어떤 현상의 모순과도 같지 않다는 사실에 주목하자. 그러므로 상이한 모순에 동일한 해결책을 적용할 수는 없는 것이다. 각각의 특정한 모순은 심층 분석을 통해 확정한 그 본질에 특유한 행동으로 대처해야 한다.

마지막으로, 어떤 사회든지 그 안에는 중요성이 다른 상이한 모순들이 수없이 많다. 그러므로 주된 모순과 부차적 모순을 구별하는 것이 필요하다. 앞에서 봤지만, 모순은 자본가 계급 내부에서 발생하기도 하고, 때로는 노동자 계급 내부에서 발생하기도 하며, 또 때로는 노동자와 그 동맹자 사이에서 발생하기도 한다. 그러나 분석해 보면 이러한 모순들은 한편으로는 자본가와 그 동맹, 다른 한편으로는 노동자와 그 동맹이라는 둘 사이의 주된 모순에 견줘 부차적인 것으로 나타난다. 특정 시기에 당분간 여러 가지 모순들 각각의 중요성이 확증돼야 비로소 계급투쟁 전략이 있을 수 있다. 왜냐하면 다양한 모순들의 개별적 중요성은 사회가 끊임없이 변동함에 따라 변할 수 있기 때문이다.

이 책 전반부는 생산과 교환의 물질적 조건들 — 사회의 경제적 토대 — 에 초점을 뒀다. 그러면서도 일찍부터 우리는 국가를 독차지해 온 자본가들에 대해서도 부득이 주의를 기울였고, 그리하여 자본주의 생산관계에서 이익을 얻고 있는 계급인 자본가들이 이 생산관계를 법률과 법령으로 구체화함으로써 제도화하려고 무척 애쓰고 있다는 사실을 지적한 바 있다. 국가나 법률, 그리고 그 법률의 성문화 등은 추상적 개념들로서, 경제적 성격의 것은 아니다.

그러나 우리는 그것들을 좀 더 자세히 살펴보자.

인간의 원초적 욕구는 분명 육체적 삶을 유지하는 것이다. 생계 수단(의식주)의 생산과 그 생산 조건들은 즉각적이며 근본적이고 지속적인 중요성을 가진다. 이것이 바로 마르크스주의적 분석에서 사회의 생산력과 생산관계가 사회의 **기본적인 경제적 하부구조**로 여겨지고 있는 이유다. 건축물도 기초가 있어야 세워지듯이, 사회도 그와 같은 경제적 하부구조 위에 세워질 수밖에 없다.

그러나 사회는 단순히 그 하부구조로만 이뤄져 있는 것은 아니다. 인간은 사고와 의식을 가지고 있고 사회 안에서 살아가면서 사회적인 규칙과 제도가 꼭 필요하다고 생각하게 된다. 경제적 하부구조 위에 세워진 모든 것 — 국가와 그 기구, 모든 종류의 제도, 의견과 신념, 도덕과 문화 — 을 한데 묶어 **상부구조**라고 부른다.

앞의 얘기로부터, 그리고 사회와 건축물과의 비유로부터, 우리는 하부구조가 상부구조를 '결정'한다고 말할 수 있다. 특정한 기초 위에는 특정한 유형의 건축물만을 세울 수 있다. 일반으로, 상부구조는 정치적 · 법적 제도와 인간의 관습과 의식으로 나타난 경제적 하부구조의 **반영으로** 묘사된다. 예를 들면, 오늘날 서양 사회에서 유력한 관념들은 기성의 생산관계에서 비롯하는 것이다. 사유 재산의 **존재**가 소유의 **권리**라는 관념을 창조해 냈고 그것을 법률과 관습 속에 구체화했다. 그것은 국가가 보장하고 강요한다. 사회의 불평등은 명망 높은 철학으로 정당화된다.

그러므로 하부구조의 반영인 상부구조는 고정돼 있는 것이 아니다. 사회의 물질적 기초가 변하거나 교란당하면 이것은 조만간 상부구조에 영향을 미치게 되고, 상부구조는 변한 물질적 조건에 대응하려 한다. 그러나, 변증법에서 말하는 대로, 현상들 사이의 관계는 결코 기계적이거나 일방적인 것이 아니며, 'b'에 미치는 'a'의 영향은 반드시 'a'로 되튀는 'b'의 반작용을 수반하게 된다. 바꿔 말해, 비록 상부구조가 애초에 그것을 결정한 하부구조의 반영으로 생겨난 것이긴 하지만, 그것은 그 자체의 생명을 가지고 있어서, 역으로 사회의 경제 구조에 영향을 미치는 능동적인 세력이 되기도 한다는 것이다. 사실, 상부구조를 발생시킨 하부구조보다 상부구조 자체가 오히려 변화에 더 저항한다.

그러나 우리는 아직 인간 공동체의 사회 조직과 그 공동체 안에서 받아들여지는 관념과 의견들이 모두 삶의 물질적 조건과, 생계 수단을 생산하는 경제 체제에 따라 결정되는 세계와 그 역사라는 개념에 대해 논의하고 있다. 사상과 신념은 영원하지도 않고 절대적인 것도 아니다. 그것들은 운동과 변화의 법칙과, 현상들 간의 관계가 상호 작용한다는 법칙을 따르고 있다. 위와 같은 개념은 관찰과 과학적 분석에서 나온 것인데, 물질적 토대를 첫 번째로 고찰하기 때문에 역사 유물론이라고 부른다.

우리는 계급 대립에 관해 몇 차례 언급했고, 자본가 계급은 생산수단을 지배하는 계급으로, 노동자는 생산 과정에서 자신의 노동력을 자본가에게 파는 것 말고는 달리 도리가 없는 계급이라고 각각 정의했다. 여기서 **사회계급**은 사회적 생산 체제에서의 위치와 기능에 따라 정의된 사람들의 집단이라고 할 수 있다.

역사를 보면 항상 다음과 같았다. 극소수가 생산수단을 지배하는 모든 사회에는 그 사회의 기본을 이루는 상호 적대적인 두 계급이 존재한다. 고대에는 노예를 소유한 귀족과 토지에서 일하는 노예가 있었고, 중세에는 봉건 영주 계급과 농노 계급이 있었다. 노동자와 같은 사회계급은 생산관계의 상호 작용으로 발생한 역사적 산물인 객관적 실재다. 그렇지만 사회계급은 또한 각 구성원이 스스로 전체 계급의 한 단위라는 의식과 그러한 맥락 속에서만 자기 자신을 규정할 수 있다는 의식을 가진다는 점에서는 주관적 실재다. 예를 들면, 자본가의 착취에 대한 공통의 체험이 노동자의 연대가 나타날 수 있는 주관적 조건이지만, 이 연대가 충분한 발전에 이를 수 있는 것은 노동자가 그것을 진정으로 원하고, 그것을 하나의 무기로 인식할 때만 가능한 것이다. 이것이 바로 세련된 정의는 아니지만, **계급의식**에 대한 정의다.

그러면 노동자 계급 속에서는 계급의식이 어떻게 발생하고 성장하는가? 일상의 노동 과정에서 노동자들이 동료들과 함께 경험한 착취를 개념화하고, 그 착취를 낳는 체제를 분석하기 시작할 때 계급의식은 움튼다. 그러나 계급의식이 더욱 명확하게 발전하는 것은 착취자와 피착취자 간의 영속적 적대 관계가 구체적 행동으로 반영될 때이고, 특히 첨예한 대결로 나타날 때다. 즉, 공장 내에서 노동자와 자본가 간의, 그리고 공장 밖에서 노동자들과 자본가 국가 간의 **계급투쟁**과 공개적 충돌로 나타날 때다. 노동자들이 자본주의 생산양식의 본질과 자본주의 사회 전체의 본질을 충분히 인식하게 되면, 계급투쟁은 비할 데 없이 효과적으로 된다. 이러한 인식이 노동자 계급 대중 속에 스며들게 되면 그것은 **노동자의 이데올로기**가 된다. 노동자의 이데올로기는 사회와 그 장래의 가능성에 대한 총체적이고 정연한 개념인 것이다. 이 노동자 이데올로기는 한편으로는 계급투쟁의 산물이지만, 다른 한편으로 그것은 자본가와 노동자 간의 모순을 해결할 유일한 방법인 계급투쟁에 다시 의존한다. 역시 변증법적인 논리다.

이처럼 계급투쟁은 구체적 목적을 가진 집단적 대결인 동시에, 투쟁에 연루된 공동체를 위한 의식의 발전이기도 하다. 그것은 모든 면에서 진보를 향해 나아간다. 과거에는 계급투쟁과 피착취·피억압 계급들의 승리만이 적대하는 계급들 사이의 모순을 극복할 수 있었다. 그것은 미래에도 역시 그러할 것이고, 그에 따라 새롭고 더 나은 사회가 이뤄질 것이다. **계급투쟁은 역사의 원동력이다.**

후주

1 Karl Marx, *Capital*, Vol. I (New York : International Publishers, 1967), p. 714.

2 같은 책, P. 44.

3 *Marx-Engels Selected Works* (Moscow : Foreign Languages Publishing House, 1951), p. 379.

4 Karl Marx, 앞의 책, p. 167.

5 같은 책, p. 171.

6 Delaunay, *Essai marxiste sur la comptabilité nationale* (Paris : Editions Sociales, 1971), p. 87.

7 Karl Marx, *Capital*, Vol.III (New York: International Publishers, 1967), p. 43.

8 같은 책, p. 392.

9 이 장은 1973년 가을 중동 산유국들이 "석유 전쟁"을 선포하기 몇 달 전에 썼다. 이 사건은 제국주의 나라들이 제3세계 나라들의 원자

재에 사활적으로 의존하고 있으며, 제3세계 나라들이 제국주의 지배에 저항한다는 점을 또렷하게 보여 줬다.

10 Karl Marx, 앞의 책, Vol.Ⅲ, p. 300.

11 같은 책.

12 같은 책, p. 294.

13 같은 책, p. 292.

14 같은 책, p. 300.

15 같은 책, pp. 300~301.

16 같은 책, Vol. Ⅰ, pp. 508~509.

17 Karl Marx, *A contribution to the Critique of Political Economy* (New York : International Publishers, 1971), p. 34.

18 Marx, *Grundrisse*, edited by D. McLellan (New York : Harper, 1971), p. 71.

19 같은 책, p. 117.

찾아보기

ㄱ

ㄴ

ㅅ

ㅇ

ㅈ

ㅊ